Alex Schulman

Verbrenn all meine Briefe

»Wir trafen uns. Tastende, wohlwollende Gespräche. Wir tranken Wein und erkundigten uns, was jeder so machte. Aber es schwang etwas Trauriges mit: Da saßen wir, zerzaust und verwirrt durch vierzig Jahre andauernder Konflikte zwischen unseren Eltern. Wir wussten nicht, wie wir uns verhalten sollten. Als hätte man uns wieder zusammengesteckt. Als befänden sich unsere Eltern nebenan, und bald würden harte Worte durch die Wände dringen, jemand würde eine Tür zuknallen und mit dem Auto davonbrausen. Wir redeten und tranken, waren aber die ganze Zeit darauf gefasst, unterbrochen und auseinandergerissen zu werden.«

Alex Schulman, geboren 1976, ist einer der populärsten schwedischen Schriftsteller. Sein Roman ›Die Überlebenden‹ wurde in 30 Sprachen übersetzt. Mit ›Verbrenn all meine Briefe‹ gelang ihm in Schweden der Durchbruch als literarischer Autor.

Hanna Granz, geboren 1977, ist seit 2012 als freiberufliche Übersetzerin tätig und hat Werke von Patrik Svensson, Tove Alsterdal, Sofie Sarenbrant und Gøhril Gabrielsen ins Deutsche übertragen.

ALEX SCHULMAN

VERBRENN ALL MEINE BRIEFE

Roman

Aus dem Schwedischen
von Hanna Granz

dtv

Von Alex Schulman ist bei dtv außerdem lieferbar:

Die Überlebenden

Endstation Malma

6. Auflage 2025
2023 dtv Verlagsgesellschaft mbH & Co. KG
Tumblingerstraße 21, 80337 München
produktsicherheit@dtv.de
Die schwedische Originalausgabe erschien 2018 unter dem Titel ›Bränn alla mina brev‹ bei Bookmark Förlag in Stockholm.

Umschlaggestaltung: dtv nach einem Entwurf von Lübbeke Naumann Thoben, Köln
Umschlagmotive: Hulton Deutsch / Kontributor / Getty Images
Satz: Fotosatz Amann, Memmingen
Druck und Bindung: Druckerei C.H.Beck, Nördlingen
Printed in Germany · ISBN 978-3-423-14883-2

Für Karin

PROLOG

»Ich weiß nicht, wie oft ich das noch ertragen kann.«

Es ist der Satz, der alles verändern wird. Er fällt eines Abends, nach einem Streit in der Küche, ich mache Essen, und wir vergreifen uns beide im Ton. Wir sagen so schreckliche Dinge zueinander, und ich fürchte, dass wir es nie wiedergutmachen können. Die Gemeinheiten eskalieren, und am Ende verliere ich die Fassung und werfe die Bratpfanne an die Wand. Es wird still, Hühnerleber überall auf dem Boden. Ich bereue es sofort und strecke die Hand nach Amanda aus. Sie zuckt zusammen und schaut mich an, und es lässt sich nicht anders deuten: Da ist Angst in ihren Augen.

Ich spüre die Gefahr sofort. Versuche, die Konsequenzen meines Ausbruchs zu überblicken. Ich weiß, dass ich wieder einen Schritt in die falsche Richtung gegangen bin, und jetzt wird es eng. Wenn ich nichts unternehme, wird sie mich verlassen.

Diese Einsicht folgt auf eine Reihe von Erkenntnissen, eine unangenehmer als die andere. Angefangen hat es ein paar Monate zuvor, als ich Weinen aus dem Zimmer meiner Tochter hörte. Ich öffnete vorsichtig die Tür, um nachzusehen, was los war. Da saß sie auf dem Boden, mit dem Rücken zu mir, und rieb über einen Fleck auf dem Teppich. Um sie herum lag Toilettenpapier in kleinen, schmutzfarbenen Haufen – sie musste schon eine Weile zugange sein. Der Fleck dehnte sich unter ihr aus, und ich erkannte die dunkelrosa Farbe wieder, es war der Slime, den ich ihr etwas früher am Tag gekauft hatte. Ich sah ihr dabei zu, wie sie hysterisch wischte.

»Oh, was ist denn da passiert?«, fragte ich, und sie erstarrte und blickte zu mir auf. Haare, Rotz und Tränen und dahinter zwei Augen.

»Entschuldigung, Papa«, sagte sie.

Sie blickte auf ihre Knie.

»Das war nicht extra.«

Ich ging zu ihr, hob sie hoch und setzte mich mit ihr aufs Bett.

»Macht doch nichts«, sagte ich.

Ich spürte ihr Herz, wie es klopfte.

»Entschuldigung, Papa«, sagte sie noch einmal, und ich befreite ihr Gesicht, strich ihr das nasse Haar hinter die Ohren und trocknete ihr die Wangen mit meinem Ärmel. Ganz kurz trafen sich unsere Blicke, dann schaute sie wieder weg, und es ließ sich nicht anders deuten. Ich sah direkt in ihre Angst.

Ich spürte ein verwirrtes Unbehagen. Warum hat meine Tochter Angst vor mir?

Später am selben Abend, nachdem die Kinder eingeschlafen waren, erzählte ich Amanda davon und fragte: »Warum hat meine Tochter Angst vor mir?« Sie antwortete, dass sie vor ein paar Tagen ihr Zimmer aufgeräumt hätte. Unter dem Bett hätte sie an die zehn Frühstücksbrote gefunden. Frances hatte sie von der Küche nach oben geschmuggelt und versteckt, um sie nicht essen zu müssen. Amanda hatte ihr gesagt, dass man belegte Brote nicht einfach verstecken dürfe. Frances wurde seltsam panisch und fing an zu weinen, und Amanda tröstete sie und sagte, sie brauche nicht traurig zu sein.

»Bitte«, hatte Frances da gesagt, »sag es nicht Papa.«

Ich verstand es nicht. Wann war das so geworden? Ich hatte das Verhalten der Kinder mir gegenüber immer als eine Art Respekt gedeutet. Ich fand, das war etwas Gutes – die Kinder hörten auf mich, und so sollte es ja auch sein. Aber das hier war etwas anderes. Und vor allem gab es mir ein Rätsel auf.

Was an mir machte ihnen Angst?

Mir war klar, dass ich noch nie ein lockerer Typ gewesen bin. Ich wusste, dass ich voller Konflikte steckte und vielleicht auch missmutig, manchmal extrem angespannt war wie eine Violinsaite, vor allem, wenn ich mit Menschen zu tun hatte, mit denen ich mich nicht wohlfühlte. Und mir war klar, dass immer eine unterschwellige Gereiztheit in mir schlummerte, die unnötig schnell entflammte. Bis zur Katastrophe war es oft nur ein kurzer Weg, und ich reagierte heftig und unmittelbar auf kleine Misserfolge, laute Geräusche, Stress, Missverständnisse. Ich mochte diese Seite an mir nicht, hatte aber immer geglaubt, dass ich selbst am meisten darunter litt; es fühlte sich an, als verschwände ich in einer Dunkelheit – während es draußen noch hell ist. Eine unangenehme Möglichkeit tat sich auf: Ich trug eine Wut in mir, die nicht nur mich, sondern auch meine Familie vergiftete.

Ich begann, auf mein Verhalten und auf das meiner Kinder zu achten. Und ganz allmählich begriff ich: Es waren viele kleine Zeichen.

Ich versuche, meine Tochter anzurufen, die nicht drangeht, und nach einer Weile meldet sie sich zurück, außer Atem, und das Erste, was sie sagt, ist: »Entschuldigung, Papa! Entschuldigung, dass ich nicht drangegangen bin.«

Warum sagt sie das?

Wir sind im Vergnügungspark Gröna Lund, und die Kinder wollen Nyckelpiga, eine Berg-und-Tal-Bahn, fahren. Auf einer Anzeigentafel steht, dass die Wartezeit dreißig Minuten beträgt. Ich murmele: »Ach, du Scheiße«, und wir stellen uns hinten an, aber meine Tochter hat gemerkt, dass ich mich ärgere und zupft mich am Ärmel.

»Wir brauchen nicht hiermit zu fahren, Papa. Wir können was anderes machen.« Sie zieht mich zu den Elefanten hinüber. »Komm, Papa!« Damit ich nicht zu warten brauche.

Warum tut sie das?

An einem der ersten Frühlingstage gehen wir in den Humlegården-Park. Die Kinder verschwinden und kehren nach einer Weile mit einem Strauß Leberblümchen zurück, die sie von einem Hügel gepflückt haben, wo die Blumen gerade anfangen zu blühen. Stolz überreichen sie mir den Strauß, ich reagiere instinktiv. »Was habt ihr gemacht?«, sage ich. Sie halten inne, und ihr Lächeln erlischt. »Ihr hättet die Blumen stehen lassen sollen, damit alle was davon haben.« Plötzlich wissen sie nicht, wohin mit ihren Sträußen. Sie legen sie ins Gras. Wir gehen weiter zu den Schaukeln. Eines der Mädchen blickt verstohlen zu mir auf.

Warum sieht sie so erschrocken aus?

Kleine Zeichen, in Blicken und Gesten. Wie meine Kinder ständig die Situation analysierten und überlegten, wie ich wohl reagieren könnte. Sie reagierten nicht auf die Welt, sondern auf meine Reaktion auf die Welt. Das war so unangenehm vertraut. Was ich sie tun sah, wie sie sich zu meiner Wut verhielten – darin erkannte ich mich als Kind.

Meine Mutter fährt mit den Händen unter mein T-Shirt, um mir den Rücken zu kratzen. Ihre rissigen Nägel tun mir weh, sie kratzt zu stark, deshalb weiche ich zurück, gehe zur Seite. Sie sagt: »Dann halt nicht«, und dreht sich zum Fernseher. Ich begreife sofort, dass das gefährliche Folgen haben könnte, also mache ich wieder einen Schritt auf sie zu, stelle ihr meinen Rücken zur Verfügung. Sie tut, als würde sie es nicht bemerken, starrt stur auf den Bildschirm. »Mama«, sage ich. »Du kannst mich kratzen.« Sie antwortet nicht, und ich gehe, bin aber fortan auf der Hut. Ich weiß jetzt, dass etwas dabei ist, kaputtzugehen.

In meiner Kindheit entwickelte ich eine Superkraft: Ich konnte Konflikte weit vor allen anderen vorhersehen. Ich bildete einen Radar aus für Wut, und den habe ich mit ins Leben genommen. Erst jetzt begreife ich, dass dieser Radar für alle außer für mich selbst funktioniert. Ich war blind für mein eigenes Verhalten.

Amanda hatte mich schon früher darauf aufmerksam gemacht, aber immer nur vor anderen und immer anekdotisch. »Du kannst schon sehr wütend werden.« Unterhaltsame Geschichten über einen missmutigen Charakter. Zum Beispiel über meine Reaktion auf das Essen in der Entbindungsstation am Tag nach der Geburt unserer Tochter. »Kann es denn so schwer sein, hier etwas Vernünftiges zu essen zu bekommen?«, hatte ich eine Hebamme angefahren.

Aber es gibt Situationen, über die wir im Nachhinein nicht reden. Mein Ausfall gegenüber Amanda, im Auto, auf einem heißen Parkplatz irgendwann mitten im Sommer. Ich sah die erschrockenen Gesichter der Kinder im Rückspiegel. Ein andermal in einem Lebensmittelgeschäft. Ich erinnere mich nicht an Einzelheiten, irgendetwas Belangloses. Ich warf ein Produkt in den Einkaufswagen und ging nach Hause.

Wir reden nicht darüber.

Aber unterschwellig eskaliert es immer weiter.

Der Streit in der Küche zeigt, wie ernst es tatsächlich ist.

Später in der Nacht sitzen wir in zwei Decken gehüllt auf dem Balkon und rauchen. Amanda sagt, sie weiß nicht mehr weiter. Es muss etwas geschehen. »Ich weiß nicht, wie oft ich das noch ertragen kann.« Es ist so klar, so unausweichlich. Als würde im Stillen etwas vor sich gehen, ein Countdown zur Katastrophe. Ich sage nichts, dort auf dem Balkon, aber in mir tobt die Angst.

Das kleine Herz meiner Tochter, das so heftig durch die Bluse klopft. Die ängstlichen Blicke meiner Familienmitglieder, die jede meiner Bewegungen verfolgen. Amandas Hoffnungslosigkeit auf dem Balkon. Sie sind der Grund, weshalb ich hier gelandet bin. Sie haben mir deutlich gemacht, dass ich etwas tun muss, bevor alles um mich herum zerbricht und verschwindet.

Ich trage eine Wut in mir, und dagegen muss ich etwas unternehmen.

KAPITEL 1

Es sieht aus wie immer.

Zwei Sessel, und über dem einen hängt eine Wanduhr – darunter soll der Patient sitzen, damit der Therapeut oder die Therapeutin diskret einen Blick auf die Uhr werfen kann, ohne dass es verletzend wirkt. Ein Tisch mit einer Wasserkaraffe und Taschentücher, für diejenigen, die weinen müssen. Kunst an den Wänden, die wahrscheinlich genau deshalb ausgesucht wurde, weil sie absolut gar nichts aussagt. Ich setze mich und werde verlegen, als sie fragt, ob ich schon mal eine Therapie gemacht habe. Ich bin acht Jahre in Therapie gewesen. Es ist natürlich keine Schande, dennoch ist es mir unangenehm, und ich will es nicht zugeben. Was sagt es über einen Menschen aus, wenn er so lange in Therapie gegangen ist? Es muss seltsam erscheinen, wenn man Woche für Woche, jahraus, jahrein, auf einen Sessel zurückkehrt, um ungestört über sich selbst reden zu können.

Ich sage ihr, dass es nicht das erste Mal sei, dafür aber

das erste Mal, dass ich das machen will, was ihr Fachgebiet ist: eine Familienaufstellung. Ich sage ihr, dass mir die Idee, dass alle Individuen einer Familie einander beeinflussen, logisch erscheint. Dass man, indem man die Verbindungen der Familienmitglieder untereinander aufzeichnet, ein Bild davon bekommen kann, wie alles zusammenhängt, und sich selbst als Summe all derer erkennt, die in der Familie vor einem waren.

Sie zieht ein Flipchart heran und fordert mich auf, von meiner Familie zu erzählen. Da sind ich und meine beiden Brüder und unsere verstorbenen Eltern. Das ist die Basis, von hier weisen die Strahlen zu den verschiedenen Familienmitgliedern. Wir gehen sie sorgfältig durch, eine Person nach der anderen. Wir reden über Familiengeheimnisse, Trauer, Scheidungen und Todesfälle und machen uns Notizen am Rand. Es löst etwas in einem aus, so viele Leben konzentriert und zusammengefasst auf einer so kleinen Fläche zu sehen. Lebensgeschichten werden auf ein paar Zeilen reduziert. Ein Onkel trank zu viel und starb jung. Eine Tante verlor ihre beiden Söhne, als diese in einer Kiesgrube spielten. Einer bekam Krebs. Ein anderer nahm sich das Leben.

Die Therapeutin fordert mich auf, die Verbindung der Familienmitglieder zueinander zu verdeutlichen. Wenn die Beziehung zwischen zwei Personen gut ist, soll ich einen geraden Strich zwischen ihnen ziehen. Wenn es Konflikte gibt, eine Zickzacklinie. Als ich fertig bin, fragt sie, ob ich ein Muster erkenne, in dem, was ich da aufgezeichnet habe. Ich trete ein paar Schritte zurück. Verblüfft betrachte ich das Durcheinander von Namen, Jahreszahlen und Strichen. Ich habe es noch nie so klar gesehen, es ist beinahe, als hätte man mich einem Zaubertrick ausgesetzt, den ich nicht erklären kann.

»Oh Gott«, sage ich.

»Erzählen Sie mir, was Sie sehen«, sagt sie.

Ich trete wieder an das Flipchart. Ich führe den Stift zu meinem Namen. Sehe die gerade Linie zwischen mir und meinem Vater und die gezackte Linie zwischen mir und meiner Mutter. Dann schaue ich mir die ganze Familie an.

»Auf der Seite meines Vaters gibt es nur gerade Linien«, sage ich. »Von meinem Vater, seinen Kindern, seinen Geschwistern und seinen Eltern aus. Alles ist harmonisch.«

Ich führe den Stift auf die Seite meiner Mutter und ihrer Familie.

»Aber hier …«

Ich blicke auf ein Schlachtfeld, auf ein Durcheinander aus gezackten Linien. Überall sind Markierungen von Streit, Trennungen und Auseinandersetzungen. Niemand wurde verschont.

»Hier herrscht Chaos.«

Meine Mutter war die Jüngste von vier Geschwistern, sie hatte zwei Brüder und eine Schwester. Ich versuche mich zu erinnern, aber ich glaube, ich habe nie alle vier zusammen gesehen. Sie hassten einander in wechselnden

Konstellationen, Konflikte zogen sich über Jahrzehnte hin. In meiner Kindheit waren diese Wendungen für mich natürlich unbegreiflich.

Morgens früh an einem Weihnachtsfeiertag, Anfang der Achtzigerjahre. Wir sind bei meinem Onkel mütterlicherseits zu Besuch, um mit seiner Familie zu feiern. Mama weckt uns. »Kommt, Kinder, wir fahren«, flüstert sie. Wir raffen schlaftrunken unsere Sachen zusammen, schleichen uns durchs schlafende Haus und begeben uns zum Auto. Wir fahren los, ohne Tschüss zu sagen. Niemand erklärt uns, warum, aber wir hören das Flüstern vorne im Auto. »That's it – mit denen wollen wir nichts mehr zu tun haben.«

Immer war irgendetwas Unverzeihliches geschehen, das man nie vergessen würde. Und so brach der Kontakt für ein paar Jahre ab, aber dann kehrte sich etwas um, und plötzlich sollten wir zusammen Urlaub machen. Cousins und Cousinen wurden zusammengesteckt, Fremde, die miteinander spielen sollten und wieder auseinandergerissen wurden, sobald der Streit neu entflammte. Abgesagte Mittsommerfeiern, Essen, die stets in wütendem Geschrei endeten und damit, dass Stühle zurückgestoßen wurden und jemand wütend im Auto davonrauschte. Ich erinnere mich an einen Brief auf dem Schreibtisch meiner Mutter, unterschrieben von ihr, adressiert an einen ihrer Brüder. Gierig las ich ihn, es kam mir vor wie die Spur zu einem großen Geheimnis. Etwas, das er getan hatte, war »unverzeihlich«, und bis er seine Fehler nicht einsah, hatte sie keinerlei Interesse, ihn zu treffen. Ich erinnere mich noch an die letzte Zeile: »Jeglicher Kontakt wird hiermit abgebrochen.« Das war so unheimlich, endgültig.

Einmal rief die Schwester meiner Mutter bei uns an, ich war am Telefon. Sie wollte meine Mutter sprechen.

»Nein, danke!«, rief diese aus der Küche.

»Aber Mama …«, sagte ich.

»Kein Interesse!«

Einer meiner Onkel hasste nicht die Familie – er stand mit der ganzen Welt überkreuz. Einmal fuhren er und ich zusammen mit dem Bus von Filipstad nach Stockholm. Die Angestellte der Busgesellschaft ging herum und nahm alle Namen auf, und als er an der Reihe war, fauchte er gehässig: »Wozu wollt ihr das wissen?« Die Frau erklärte, dass sie alle Passagiere registrieren müsse.

»Dann heiße ich Johan Johansson«, erwiderte er und schaute aus dem Fenster. Als sie weg war, flüsterte er mir ins Ohr:

»Sie haben Spione überall.«

»Wer?«

»Die Gesandten von Satan.«

Nachdem ich zu Hause meiner Mutter davon erzählt hatte, beschloss sie, dass wir nichts mehr mit ihm zu tun haben wollten – er war schließlich offenkundig verrückt.

Noch einmal: »Jeglicher Kontakt wird hiermit abgebrochen.« All die Konflikte, die zwischen den Familienmitgliedern tobten, wurden im Lauf der Jahre zu etwas Vertrautem, und ich stellte ganz allmählich fest, dass ich Geschmack daran fand.

Als Jugendlicher machte ich einen Sommer lang mit einem Kumpel Interrail durch Europa. »Ruft meinen Bruder an, wenn ihr in Griechenland seid«, sagte meine Mutter. »Er kümmert sich um euch. Ihr könnt bei ihm übernachten.«

Er traf sich mit uns in einer Bar des kleinen Dorfes, in dem er lebte. Als wir fragten, ob wir bei ihm übernachten könnten, reagierte er überrascht. Er hatte an dem Abend Besuch, es passte ihm nicht so richtig. Wir verabschiedeten uns, und vom Hafen aus rief ich meine Mutter an und erzählte ihr alles, und ich hörte die verhaltene Wut, als sie sich nach Einzelheiten erkundigte.

»Ihr durftet also nicht einmal auf dem Grundstück zelten?«

»Nein.«

»Er hat euch kein Geld für den Bus gegeben?«

»Nein.«

Ich verspürte eine seltsame Zufriedenheit darüber, dass es jetzt wieder losging.

Ich wurde selbst zu einem Spieler, beobachtete ihr Verhalten und verteilte die Informationen so, dass sie maximalen Schaden anrichteten.

Mein kleinerer Bruder und ich waren bei meiner Tante zu Besuch. Sie hatten ein Klavier, und er spielte darauf das einzige Lied, das er konnte: »Kalle Johansson, Kalle Johansson, Kalle Johan-Johan-Johansson«, sang er laut und vergnügt, und irgendwann hatte unsere Tante genug und rief: »Schluss jetzt mit dem Geklimper!« Ich schlich mich in eines der Schlafzimmer und rief zu Hause an. Ich beförderte die heiße Information weiter.

Tags darauf wurden wir nach Hause geschickt. Und wieder ging es los. Ein paar Jahre später starb die Tante. Meine Mutter hatte die Qual der Wahl – sollten wir zur Beerdigung fahren oder nicht? Es endete damit, dass wir hingingen. Und so war es wohl: Nur Todesfälle konnten die Konflikte in dieser Familie beenden.

Ich schaute mir die Übersicht an und all die Verwüstungen auf der Seite meiner Mutter. Die Wut, die sich weitervererbt hatte. Wie sehr hatte sie mir eigentlich geschadet? Ich habe bisher nicht viel darüber nachgedacht, aber ich erinnere mich, wie eine Cousine sich vor ein paar Jahren vorsichtig per E-Mail bei uns meldete. Sie schlug vor, dass sich alle Cousins und Cousinen doch mal zum Essen treffen könnten. Sie fragte, ob wir Interesse hätten, es könnte doch schön sein, nach all den Jahren miteinander zu reden. »Nur weil unsere Eltern sich gestritten haben, brauchen wir es ja nicht zu tun.«

Wir trafen uns. Tastende, wohlwollende Gespräche. Wir tranken Wein und erkundigten uns, was jeder so machte. Aber es schwang etwas Trauriges mit: Da saßen wir, zerzaust und verwirrt durch vierzig Jahre andauernder Konflikte zwischen unseren Eltern. Wir wussten nicht, wie wir uns verhalten sollten. Als hätte man uns wieder zusammengesteckt. Als befänden sich unsere Eltern nebenan, und bald würden harte Worte durch die Wände dringen, jemand würde eine Tür zuknallen und mit dem Auto davonbrausen. Wir redeten und tranken, waren aber die ganze Zeit darauf gefasst, unterbrochen und auseinandergerissen zu werden.

KAPITEL 2

1988

Es ist 1988 und hat gerade angefangen zu schneien. Ich sitze in einem Bus, der für die Strecke von Stockholm nach Filipstad die maximal mögliche Zeit braucht. Umwege so lang, dass sie schon fast interessant werden. Seltsame Halte an der E18, bei denen wir uns die Beine vertreten und dann auf unseren Plätzen darauf warten, dass es endlich weitergeht. Immer wieder steigt jemand Neues ein, der Busfahrer verstaut das Gepäck, dabei die Zigarette im Mundwinkel, dann fahren wir weiter. Eine junge Angestellte der Busgesellschaft kümmert sich besonders um mich, sie achtet darauf, dass ich nach jedem Halt auch wieder einsteige. Sie sitzt ganz vorn neben dem Fahrer. Ab und zu wechseln die beiden ein paar Worte, ansonsten ist es still. Sie sieht so traurig aus, wenn sie mit leerem Blick auf die Straße starrt.

Ich kenne diese Strecke auswendig, so oft bin ich sie schon gefahren. Selbst bei Dunkelheit weiß ich genau, wo wir uns gerade befinden, die Landstraßen werden schmaler, je näher wir der Endhaltestelle kommen, und schließlich hält der Bus am Busbahnhof Filipstad. Ich entdecke meine Oma sofort, sie steht mit einem Regenschirm am Unterstand, um sich vor dem Schnee zu schützen. Wir umarmen uns, ich bohre meine Nase in ihren Pelzmantel, der nach einem Parfüm riecht, das nur sie trägt. Sie greift nach meinem Koffer, aber ich sage, dass ich das schon schaffe. Auf dem Nachhauseweg kaufen wir im Lebensmittelladen ein, Oma lässt sich viel Zeit. Mama hätte sich darüber aufgeregt, aber ich höre Oma gern zu, wie sie teils mit mir, teils mit sich selbst redet, während wir zwischen den Regalen entlanggehen. »Du bist ja jetzt bald ein Jugendlicher – was essen Jugendliche denn gern?« Und dann zu sich selbst, murmelnd, als wäre ich nicht mehr im selben Raum: »Ob er wohl Fleisch isst?« Oma kauft Kartoffeln, Hackfleisch, Sahne und Erbsen. Sie sagt, plötzlich leicht verärgert, dass es doch komisch sei, dass sie angefangen hätten, »junge Erbsen« auf die Packung zu schreiben, einfach »Erbsen« würde doch reichen, oder?

»Sagst du junge Erbsen oder Erbsen?«

»Erbsen.«

»Ja, genau, so ist es ja auch richtig.«

Einmal im Monat komme ich für ein Wochenende, um sie und meinen Großvater zu besuchen. Ich freue mich immer darauf, während der Wochen in Stockholm sehne ich mich nach diesem Ort. Es ist hier ein bisschen wie in einer gehobenen Pension. Gemangelte Bettwäsche im Gästezimmer. Und auf den Nachttisch hat Oma eine Flasche Mineralwasser gestellt und Schokolade danebengelegt. Am meisten mag ich die Abende nach den Nachrichten, wenn Großvater schlafen gegangen ist. Dann sitzen Oma und ich im Dunkeln am Tisch. Wir lösen Kreuzworträtsel, und manchmal bittet sie mich, zum Lexikon zu gehen, um ein Wort nachzuschlagen, bei dem sie sich nicht sicher ist. Sie macht sich eine Tasse Tee, und wenn sie die Süßstofftabletten hineinrührt, kichert sie vor sich hin und sagt: »Jetzt kann ich bestimmt überhaupt nicht mehr schlafen.«

Wir kommen an dem großen Haus am Rand von Filipstad an, und Oma stellt die Einkaufstüten auf der Spüle ab. Ich setze mich an den Küchentisch, um ihr Gesellschaft zu leisten. Ich will Oma gerade fragen, wo Großvater ist, als ich das Klopfen von oben höre. Fünf Schläge, immer fünf, die durchs Haus dröhnen. Das ist Großvater, der mit voller Kraft seinen Spazierstock gegen den Heizkörper in seinem Schlafzimmer donnert. Es ist seine Art, mit Oma zu kommunizieren: Er will, dass sie kommt. Oma erstarrt kurz, ihre Augen weiten sich, dann legt sie schnell ein Paket Butter auf die Spüle und eilt die Treppe hinauf. Nach einer Weile kehrt sie zurück und packt weiter ihre Einkäufe aus.

»Was wollte er?«

»Er wollte nur wissen, ob du angekommen bist.«

»Kommt er runter?«

»Ja, er muss sich nur noch anziehen.«

Noch einmal dröhnt es durchs ganze Haus, fünfmal hintereinander, dann ein paar Sekunden Stille, dann erneut fünf Schläge. Es ist kaum zu glauben, was für ein Getöse ein Spazierstock machen kann, der gegen einen Heizkörper kracht. Oma verschwindet. Ich bleibe sitzen und fahre mit der Hand über das Wachstuch. Ich höre die Wanduhr schlagen, im Radio auf der Fensterbank läuft der Sender P1. Wieder klopft es, und Oma ruft, schon auf der Treppe: »Ich komme!«

Ich gehe aus der Küche, durch die kalte Eingangshalle. Vorsichtig drücke ich die Klinke zu Großvaters Arbeitszimmer herunter, die mit einem Knall aufspringt. Ich schaue zum riesigen Schreibtisch in der Mitte des Raums. Etwas zieht mich immer in dieses Zimmer. Ich möchte meinem Großvater nah sein. Ich kenne die Regeln hier drinnen. Man darf sich hier aufhalten, aber wenn Großvater am Schreibtisch sitzt und arbeitet, muss man leise sein. Man darf nur etwas sagen, wenn er etwas fragt. Und man darf unter keinen Umständen eines der Papiere auf seinem Schreibtisch anfassen. Ich erinnere mich an ein Mal, als ich sieben oder acht war und mit der ganzen Familie für ein Wochenende zu Besuch. Ich hatte mich mit einem meiner Brüder gestritten und war weinend ins Arbeitszimmer gerannt. Ich wusste nicht, dass mein Großvater dort arbeitete, ich erkannte den Ernst der Lage sofort, aber ich konnte nicht aufhören zu weinen. Ich stand wie angewurzelt da. Großvater sah mich an, ging zur Tür und rief durchs ganze Haus:

»Kann mal jemand dieses Geheule abstellen!« Mama kam angelaufen und zog mich schnell weg.

Ich gehe zum Schreibtisch. Bücherstapel zu beiden Seiten der Schreibmaschine. Herausgerissene Zeitungsartikel mit Unterstreichungen und Randnotizen, von einer unsicheren Hand mit Tinte geschrieben. Aufgeschlagene Bücher liegen überall verstreut, als wäre eben noch jemand hier gewesen und nur kurz rausgegangen, um etwas zu erledigen. Ich setze mich auf Großvaters Schreibtischstuhl, Spannung und Nervosität durchfahren mich, denn ich weiß nicht, ob ich hier sitzen darf. Neben dem Schreibtisch steht ein Sideboard, auf dem große Notizbücher in gelbem Leder aufeinandergestapelt liegen. Ich nehme eines und öffne es auf gut Glück. Die Schrift ist winzig und kaum lesbar, da sind Wörter auf jeder noch so kleinen freien Fläche, auch an den Rändern, wo mit einem anderen Stift und zu anderen Zeiten etwas hinzugefügt wurde. Ich blättere in dem Buch, jede Seite ist auf dieselbe Weise gefüllt, es wimmelt von Wörtern, als wäre derjenige, der sie geschrieben hat, irgendwie krank, es erinnert mich an Notizbücher, wie man sie in Filmen über Serienmörder sieht, die im Keller sitzen und Informationen über die Frauen sammeln, die sie ermorden wollen.

Ich ziehe ein paar weitere Notizbücher heran. Alle sind zum Bersten mit Wörtern gefüllt. Ich betrachte die Stapel auf dem Sideboard. Es müssen an die hundert Bücher sein, vielleicht sogar noch mehr. Was ist das für ein gigantisches Projekt, an dem mein Großvater arbeitet?

Ich gehe wieder in die große Eingangshalle mit dem kalten weißen Marmorboden, dem runden Perserteppich und der riesigen weißen Holztreppe. Eine schwarze Metallschiene führt an einer Wand die Treppe hinauf. Sie ist vor ein paar Jahren angebracht worden, daran befestigt ist ein Stuhl, der als Aufzug zwischen den Stockwerken dient. Ebenerdig kann mein Großvater sich relativ ungehindert bewegen, aber Treppen kann er seit einer Weile nicht mehr steigen. Der Stuhl hat ihm diese Freiheit zurückgegeben. Großvater nennt ihn »den elektrischen Stuhl«, und das finden wir Enkel lustig.

Hier steht eine Kommode, in der man manchmal Süßigkeiten findet. Ich durchsuche sie jedes Mal gründlich. Ich finde eine Schachtel Gelee-Bonbons und stecke mir schnell eines in den Mund. Neben der Tür steht ein Schrank aus dunklem Holz, mit Türen so dick wie Bootsplanken. Man braucht Kraft, um sie aufzustemmen. Ein Anflug von Panik bei der Erinnerung, wie ich einmal Münzen aus den Mänteln im Schrank gestohlen hatte, und Mama mich erwischte.

Plötzlich ist Poltern zu hören. Ich drehe mich zur Treppe um. Der elektrische Stuhl hat sich in Bewegung gesetzt. Zunächst sehe ich ihn noch nicht, höre lediglich das ohrenbetäubende Lärmen der Mechanik, doch dann zeigt er sich am oberen Ende der Treppe, erst sehe ich nur die Füße, dann schwebt der Rest heran. Es geht unglaublich langsam, aber da kommt er, auf seinem Thron aus Metall und Gummi. Auf halber Strecke entdeckt er mich.

Großvater winkt mit seinem Stock und lächelt.

KAPITEL 3

In meinem Kellerverschlag liegt eine tote Ratte. Sie liegt da schon lange auf einer Matratze, umgeben von kleinen braunschwarzen Punkten – ihrem eigenen Kot. Vor einem halben Jahr wollte ich etwas aus dem Keller holen, sah sie, kehrte um und beschloss, nie wieder zurückzukommen. Ich ertrage den Gedanken nicht, sie entsorgen zu müssen, dazu gezwungen zu sein, sie irgendwie anzufassen.

Jemand von der Hausverwaltung rief an und verlangte, ich solle das Problem lösen, die Ratte hätte angefangen zu stinken, aber ich brachte es einfach nicht über mich. Hielt mich fern, betrachtete den Kellerraum als verlorenes Gelände.

Jetzt aber bin ich zurück in der feuchten Dunkelheit, um den nächsten Schritt meines Projekts in Angriff zu nehmen, das den Großteil meiner wachen Stunden einnimmt. Ich will die Dunkelheit in mir verstehen, die dabei ist, mein Verhältnis zu meiner Familie zu zerstören. Ich bin auf der Jagd nach meiner Wut. Und ich glaube, dass mein Großvater Sven Stolpe der Schlüssel dazu ist. Mit ihm hat alles angefangen.

Im Kellerraum lagern sechs Kartons mit seinen gesammelten Werken. An die hundert Bücher, wenn ich das richtig verstanden habe. Ich bin mir nicht sicher, denn ich habe die Kartons nie geöffnet. Vor fünf Jahren klingelte es an der Tür, und da stand eine Dame und erzählte, ihr Mann sei vor Kurzem gestorben. Jetzt wollte sie in eine kleinere Wohnung umziehen, und die Bücher des Toten hatten keinen Platz mehr. Der Mann hatte sich viele Jahre seines Lebens mit Sven Stolpe beschäftigt, und irgendwann war seine Sammlung komplett gewesen. Die Dame fand, es wäre schade, wenn die Bücher weggeworfen würden, und fragte, ob ich sie nicht haben wolle. Ich sei schließlich Stolpes Enkel. Also nahm ich sie an und verstaute sie im Keller, und seither stehen sie dort.

Die Ratte liegt immer noch auf der Matratze, und sie ist seltsam erhalten geblieben, ihre Augen glänzen in dem trüben Neonlicht. Aber sie ist verdorrt, und ich vermute, dass nur noch ihre Haut mit Pelz übrig ist; wenn man darauf tritt, verschwindet sie in einer Staubwolke. Ich trage einen Karton nach dem anderen nach oben, stelle sie in meinem Arbeitszimmer auf den Boden und packe anschließend die Bücher auf meinen Schreibtisch, einen Stapel nach dem anderen, und am Ende erinnert er in seinem geordneten Chaos an den Schreibtisch meines Großvaters in Filipstad. Ich lese die Titel, lasse den Finger über die Buchrücken gleiten.

Sven Stolpe hat mich immer fasziniert, sein Schatten fiel über meine Kindheit, er war nie richtig anwesend, aber immer da, eine bedrohliche Gestalt im Nebenzimmer. Dieses Schweigen in Erwartung, dass er kommen würde, Enkelkinder, die sich aufstellen mussten, um sich zu verbeugen und ihm die Hand zu reichen, und dann wurden sie weggeschickt, damit sie ihn nicht störten. Ich hatte Angst vor ihm, das hatten alle Enkel, dennoch wollte ich ihm gern nah sein. Er war ein geheimnisvolles Kraftfeld, selbstleuchtend und unergründlich.

Sven Stolpes Bücher jedoch haben mich nie interessiert, sie kamen mir vor wie Relikte aus einer anderen Zeit. Bücher über das Christentum, über historische Figuren wie Königin Christina von Schweden und Jeanne d'Arc, Studien über russische Philosophen und eine große Sammlung Romane in altertümlicher Sprache, Thesenromane über Dinge, die heute keine Rolle mehr spielen. Ich nehme eines der Bücher zur Hand. Es heißt *Nikolai Berdjajew*. Ich weiß nicht, wer das ist. Das Foto auf dem Umschlag zeigt einen älteren Mann mit Ziegenbart und umflortem Blick. Ich lese auf der Rückseite über seine »christlichen Renaissance-Ideen, die weder mit der alten Orthodoxie noch mit dem Marxismus vereinbar waren«. Ich muss lachen. Nichts könnte mich weniger interessieren.

Auf vielen Büchern ist Sven Stolpe selbst abgebildet.

Schwarz-Weiß-Fotos, auf denen er mit strengem Blick an seinem Schreibtisch sitzt oder vor irgendeinem Bücherregal, in Nadelstreifenanzug oder Tweed-Jackett. Manchmal trägt er eine Fliege. Oder er zieht an einer Pfeife. Er sieht so unglaublich ernst aus. Er ruft aus einem anderen Jahrhundert herüber, und dort wird er wohl auch bleiben, denke ich, hinter seinem Schreibtisch im Jahr 1935, in den Jahren vor dem Krieg, und zu diesem Publikum wird er sprechen. Denn dieses liebt und achtet ihn. Den Schriftsteller, Übersetzer, Literaturwissenschaftler, Journalisten, Lehrer, Religionshistoriker, Literaturkritiker. Einen der gebildetsten Männer Schwedens, der fließend Schwedisch, Französisch, Deutsch und Italienisch konnte. Er hat die schwedische Literaturkritik auf den Kopf gestellt, und er hat einen Roman geschrieben, dessen Titel für viele Jahrzehnte zu einem geflügelten Wort wurde: *Im Wartezimmer des Todes*.

Mir wird plötzlich klar, dass ich nicht ein einziges seiner Bücher gelesen habe. Was ich über meinen Großvater weiß, bezieht sich hauptsächlich auf mündliche Anekdoten. Svens Stolpes Wesen ist ein einziger Mythos.

Die Krankheit, die immer Teil seines Lebens war. 1927 bekam er Tuberkulose und lag anschließend siebzig Jahre auf dem Totenbett. Er selbst sagte, er habe keine Schmerzen, obwohl er die meisten Rippen und anderthalb Lungen eingebüßt hatte. Dagegen, so äußerte er spät in seinem Leben, habe er ab 1938 ständig Fieber gehabt. Immer war er frisch operiert, immer war ihm ein weiteres Stück seiner Lunge entfernt worden. Dazu die Versicherung des Arztes, nun habe er wirklich nicht mehr lange zu leben. Briefe an seine Feinde, etwa an Rezensenten, die eine negative Kritik geschrieben hatten, oder auch andere, begann er oft mit dem Satz: »Entschuldigen Sie, dass ich immer noch lebe.«

All diese Feinde. Manche waren es vorübergehend, andere dauerhaft – etwa zwanzig wurden zu lebenslangen Antagonisten. Diese bezeichnete Stolpe als seine »festangestellten Feinde«. Für die Familie war es manchmal schwierig, auf dem aktuellen Stand zu bleiben. Manche Autoren durften zu Hause plötzlich nicht mehr erwähnt werden, und tat man es doch, sagte er »vielen Dank auch« und verließ das Zimmer.

Er war tiefgläubiger Christ, und in der Mitte seines Lebens konvertierte er zum Katholizismus. Dass er gläubig war, fiel mir als Kind nicht auf, außer bei den Mahlzeiten, wenn wir mit gesenkten Köpfen dastanden und zuhörten, wie er das Tischgebet sprach. Manchmal, wenn er betete, klang es, als würde er singen.

Er hatte enorme Ansprüche an sich selbst – und an seine Umgebung, vor allem an seine Familie. Einer seiner Söhne wollte Dichter werden und bekam heftigen Gegenwind von ihm, alle Verwandten waren sich darüber einig, dass Sven Stolpe ihn als Konkurrenz empfand. Ein anderer fühlte sich zum Priester berufen – dazu gab es die immer wieder gern erzählte Anekdote, wie er von dessen Träumen erfuhr und streng sagte: »Mein Sohn, vergiss nicht, dass es nur einen Erzbischof gibt.«

Ich nehme noch ein weiteres Buch vom Stapel – *François Mauriac*. Ich öffne es, es fällt förmlich auseinander, als ich es mir ansehen will. Im Vorwort schreibt Stolpe, dass er in dieser Essaysammlung über den französischen Denker vor allem sein Schreiben in den Vordergrund stellen und die These vertreten werde, dass *La Nouvelle Revue Française* seine literarische Bibel war.

Ich verstehe nicht, was er damit sagen will.

In vielen seiner Bücher geht es um französische Literatur. Er erhielt auch den Orden der Ehrenlegion. Ich erinnere mich, dass er das rote Band ständig auf der Brust trug. Wenn wir Enkelkinder ihn danach fragten, sagte er immer, es sei bestimmt etwas von der Reinigung, und tat, als wollte er es entfernen. Eine weitere Anekdote, die wir uns erzählten, um Sven Stolpe zu verstehen.

Er behauptete von sich, er wäre völlig verarmt, weil der Staat, wie er meinte, eine mehrere Jahrzehnte währende Kampagne gegen ihn geführt hatte, mit dem Ziel, ihn finanziell zu ruinieren. Daher sein Geiz. Und die Geschichte mit den Gummibändern. Er hob alle Gummibänder, die man um Umschläge und Pakete machte, auf. Auch wenn sie kaputtgegangen waren; dann legte er sie in eine andere Schublade, um sie wie eine Schnur um ein Paket zu knoten. Und er hatte noch eine dritte von Gummibändern überquellende Schublade, auf der stand: »Gummibänder – zu klein für den Gebrauch«.

Das Einzige, wofür er Geld ausgab, waren Autos. Er war einer der Ersten in Schweden, die Anfang der Dreißigerjahre einen Chrysler fuhren. Es gab Geschichten darüber, wie schnell er fuhr, manchmal über hundertzwanzig Stundenkilometer zwischen Uppsala und Stockholm. Und dann der berühmte Unfall, über den Stolpe in seinen Memoiren schreibt. Er scherte aus, um zu überholen, aber als er gleichauf mit dem Wagen war, den er überholen wollte, entdeckte er einen Lastwagen auf der Gegenfahrbahn. Er konnte weder verlangsamen noch beschleunigen, und so fuhr er mit hundert Stundenkilometern von der Straße ab. Das Auto überschlug sich, rollte einen Abhang hinunter und ging in Flammen auf. Stolpe erwachte vierundzwanzig Stunden später auf der Intensivstation. Schwer verletzt und wieder zusammengeflickt. Ein Arzt beugte sich über ihn.

»Sie machen Ihre Sache ja gründlich«, sagte er.

»Wie meinen Sie das?«, fragte Stolpe.

»Auf der linken Seite waren Ihnen schon alle Rippen entfernt worden. Jetzt haben Sie sich auch die letzte gebrochen. Sind Sie jetzt zufrieden?«

Und so wurde er noch sterbenskränker.

Meine eigenen Erinnerungen an Sven Stolpe sind zwiegespalten, er war sowohl der schnurrige Großvater, der seinen Enkeln Briefchen in Limericks schrieb und sie mit dem Alter Ego »Krokus Schmetterlingsson« unterzeichnete, als auch die unberechenbare Urgewalt der Wut, zu der wir uns permanent verhalten mussten.

Eine Erinnerung:

Ein großes Familienessen bei meinen Großeltern in Filipstad. Mein Großvater ruft mich und meinen Bruder zu sich, sieht uns verschmitzt an, wir wissen, jetzt wird es lustig. Er hat ein Schnapsglas mit einer im Boden eingeschlossenen Luftblase. Er behauptet, er werde die Luftblase austrinken. Er kippt den Schnaps und sieht erschrocken, dass sie noch da ist. »Das ist ja ärgerlich«, sagt er. Er schenkt sich einen weiteren Schnaps ein, versucht es erneut. Als die Blase immer noch zu sehen ist, macht er große Augen und sagt: »Ja, verdammt – ist sie immer noch da?!«

Wir bekommen Schluckauf vor Lachen.

Eine andere Erinnerung:

Während eines meiner Wochenendbesuche bei meinen Großeltern gehe ich im Haus auf Entdeckungsreise. In einer Schublade finde ich Großvaters alte Schreibhefte aus der Schulzeit. In einem davon ein Aufsatz über den Philosophen Ludwig Wittgenstein. Ich lese und begreife rein gar nichts von seinen komplizierten Darlegungen. Ich schaue mir das Datum an – 1919. Ich rechne zurück und komme zu dem Ergebnis, dass mein Großvater, als er den Aufsatz geschrieben hat, ungefähr so alt gewesen sein muss wie ich jetzt. Ein Schauer überläuft mich. Seine intellektuellen Fähigkeiten sind unfassbar, mein Großvater ist genial, kaum noch menschlich zu nennen. Ich kann nicht aufhören zu lesen, seine komplizierten Analysen. Da taucht er wie aus dem Nichts plötzlich hinter mir auf, ich habe ihn nicht kommen hören. »Was machst du da?«, fragt er. Ich weiß nicht, was ich sagen soll. Er packt mich mit Daumen und Zeigefinger im Nacken. Erst glaube ich, er will Spaß machen, aber sein Nackengriff wird immer fester, bis es wehtut. Ich bekomme kein Wort heraus. Er sagt keinen Ton, und seine Hand ist kalt, er schiebt mich aus dem Zimmer. Ich will schreien, kann aber nicht. In der Eingangshalle lässt mich die Eisenhand los. Ich stelle mich in den großen Flurschrank und weine, was er nicht hören darf. Ich traue mich niemandem zu erzählen, was passiert ist.

Jedes Mal, wenn wir zu Besuch waren, waren wir auf der Hut, sobald Großvater in der Nähe war. Wenn wir abfuhren, blieb meine Großmutter dort. Manchmal überlegte ich, was wohl dann mit ihr geschah. Ich erinnere mich an ihre ständige Unterwürfigkeit, ihre Angst vor seiner Wut. Sein Gebrüll, das sie geradezu physisch lähmte. Seine Art, sie vor anderen zu demütigen, wie sie manchmal aufsprang, weinend in die Küche lief und begann, hysterisch abzuwaschen, wenn er etwas Verletzendes zu ihr gesagt hatte. Ich begriff nicht, warum sie ihn nicht verließ – es war, als wäre sie ihm irgendetwas schuldig. Sie kochte für ihn und bügelte und war immer an seiner Seite, obwohl er ihre Existenz systematisch leugnete. Er tat so, als gäbe es sie nicht. Wie zum Beispiel, was den Autounfall angeht. Nirgendwo in seinem

Buch oder wenn er davon erzählte, erwähnte er, dass meine Großmutter auch mit im Auto gesessen hatte. Dass ihre Verletzungen viel schlimmer gewesen waren als seine. Ihr Gesicht hatte Feuer gefangen, sie erlitt Brandwunden dritten Grades an Brust und Hals. Der Chirurg musste Haut von ihrem Oberschenkel nehmen, um ihr Gesicht zu bedecken. Karin Stolpe war aus Sven Stolpes Narrativ wie ausradiert.

Meine Mutter weigerte sich ihr Leben lang, ein böses Wort über ihn zu sagen, als hätte er sie noch immer in seiner Gewalt. Wenn ich fragte, erzählte sie nur eine weitere Anekdote über ihn.

Ein paar Monate vor dem Tod meiner Mutter kam ein Buch über meinen Großvater heraus. Sie las es gründlich, und ich glaube, es machte etwas mit ihr, von all den Konfrontationen zu lesen, dem im Unfrieden vollzogenen Wegzug von Stockholm, den neuen Feinden am neuen Wohnort, denn es war ja auch ihr Leben, das der Autor beschrieb. Nachdem sie es zu Ende gelesen hatte, sprachen wir über das Buch.

»Papas auffälligster Charakterzug war die Wut«, sagte Mama. »Er wollte leben und erscheinen wie ein guter Christ. Aber in Wahrheit war es kein Glaube und keine Ideologie, die ihn antrieb, sondern Wut.«

Auf unterschiedliche Weise zerstörte Stolpe das Leben seiner Kinder. Und das Gift wirkte über Generationen fort. Wir lernten alle, einander und die Welt zu hassen.

Ich lege das letzte Buch auf den Schreibtisch und betrachte Sven Stolpes gesammelte Produktion. Vierundneunzig Bücher, geschrieben zwischen 1929 und 1990. Seine Geschichte in der Zusammenfassung.

Ich beginne hier.

KAPITEL 4

1988

Ich kann meinen großen Zeh so auf den Boden drücken, dass ein knacksendes, knallendes Geräusch entsteht. Wahrscheinlich ist es eine Sehne, die ich dabei aus dem Gelenk drücke und die wieder zurückschnellt. Wenn ich das in der Küche bei meinen Großeltern mache, ist das Geräusch lauter als sonst, und Großvater reagiert darauf.

»Was war das?«, fragt er und horcht ins Universum.

»Keine Ahnung«, sage ich.

Ich weiß nicht, ob es ihm gefallen würde, wenn ich die Wahrheit sagte.

Großvater schaltet das Radio auf der Fensterbank ein. Oma packt die letzten Lebensmittel aus und faltet die Plastiktüten sorgfältig zusammen, bis sie so klein wie ein Kartenspiel sind, dann legt sie sie in eine Schublade. Sie setzt Kaffee auf, und als die Milch überkocht, bittet sie mich, schnell Küchenpapier zu holen. An der Wand über der Spüle hängt der Topflappen, den ich Oma zum Geburtstag geschenkt habe; sein Anblick versetzt mir einen Stich, weil ich ihn nicht selbst gemacht habe, wie behauptet, sondern aus dem Regal mit den vergessenen Dingen im Handarbeitsraum habe mitgehen lassen. Ich konnte ja nicht ahnen, dass er einen so prominenten Platz in Omas Küche bekommen würde, dass er immerzu dort hängen und mich an meine Missetat erinnern würde. Der Topflappen ist mit einem Gesicht bestickt, das höhnisch lächelt.

Manchmal spricht Großvater mich an und fragt nach etwas aus meinem Leben. Das Radio ist laut, und es kommen Geräusche von beiden Seiten; Großvater legt eine Hand an sein Ohr, um mich zu verstehen, und als er es immer noch nicht hört, ruft er: »Lauter!« Ich versuche, das Radio zu übertönen.

»Warum macht er es nicht einfach aus?«, murmelt Oma in stiller Verzweiflung und wischt weiter die Milch vom Herd auf.

Wir essen Mazariner und trinken Kaffee.

Ich lasse noch einmal meinen Zeh knacken. Großvater hält im Kauen inne. Er blickt zur Wand.

»Habt ihr das auch gehört?«, fragt er.

»Nein«, sage ich.

»Was denn, Sven?«, fragt Oma.

Großvater hebt die Hand, damit sie still ist. Er schaltet das Radio aus. Wir sitzen alle drei da und lauschen. Mich erfüllt plötzlich Zufriedenheit. Noch einmal drücke ich den Zeh auf den Boden.

»Da!«, ruft Großvater.

»Jetzt habe ich es auch gehört«, sagt Oma.

Großvater steht auf und geht in die Mitte der Küche. Mit seinem Stock in der Hand hält er inne und blickt zu Boden. Ich mache wieder das Geräusch, er zuckt zusammen und bewegt sich in meine Richtung. Er sieht meine Füße nicht und kann unmöglich ahnen, dass ich der Verursacher bin, aber es fühlt sich plötzlich gefährlich an, als er mir so nahe kommt. Ein Nervenkitzel. Ich knacke noch einmal mit dem Zeh, und Großvater reißt die Augen auf.

»Es ist irgendetwas im Keller«, sagt er. Er geht zur Kellertreppe. »Alexander, komm mal mit.« Er öffnet die Tür, und wir blicken in die kalte Dunkelheit. Er macht Licht und lauscht eine Weile in die Unterwelt. »Ich muss mich an dir festhalten, wenn ich runtergehe«, sagt Großvater und stützt sich mit der einen Hand an der Wand ab, während er sich mit der anderen an mir festhält. So gehen wir einen Schritt die Treppe hinunter. Und dann noch einen und noch einen. »Sei vorsichtig, Sven«, ruft Oma von oben. Wir stehen auf der Treppe und lauschen.

Jetzt bin ich Großvater ganz nah, halte ihn fest, ich sehe die Poren in seinem Gesicht. Es ist ein atemberaubendes Gefühl, lebensgefährlich und wunderbar. Ich lenke ihn. Ich habe ihn hierher gebracht. Manchmal, wenn ich Bus fahre, drucke ich heimlich den Stopp-Knopf, obwohl ich gar nicht aussteigen will. Der Bus hält, die Türen gehen auf und niemand steigt aus, und ich sitze ganz hinten und spüre eine Zufriedenheit, die ich nicht richtig erklären kann. Es hat etwas mit Macht zu tun. Dass ich die große Metallkonstruktion beeinflussen kann. Noch vor wenigen Augenblicken ist sie mit neunzig Stundenkilometern über die Landstraße gefahren, und jetzt habe ich sie zum Stehen gebracht. Ich bin Herr über tausend Tonnen.

Nach einer Weile gibt Großvater auf. Das Geräusch scheint verschwunden zu sein. Wir kehren um, und ich geleite ihn die Treppe hinauf. Wir setzen uns und essen weiter Mazariner. Oma schenkt Kaffee nach. Ich lasse den Zeh noch einmal knacken. Großvater zuckt zusammen.

Ich bin Herr über tausend Tonnen.

KAPITEL 5

Wir legen die Kinder abends in ihren eigenen Betten schlafen, aber im Lauf der Nacht schleppen sie sich, eines nach dem anderen, zu uns, schlaftrunkene kleine Gestalten, die durch die Dunkelheit irren und schließlich ins Mutterschiff aller Betten zurückfinden. Gegen Mitternacht sind alle drei eingetroffen. Ich betrachte sie im Halbdunkel, wie sie sich in unterschiedliche Richtungen ausstrecken, der Länge und der Breite nach, mit geöffneten Mündern. Schultern und Rippen zeichnen sich überall ab. Vielleicht sind meine Schuldgefühle deshalb nachts größer, weil sie im Schlaf so hilflos aussehen. Ich lege eine Hand auf eine Kinderwange, streiche eine Strähne hinter ein Ohr. Warum habe ich erst so spät begriffen, dass ich ihnen wehtue? Ich habe Wut immer als etwas Offensichtliches, Physisches, Lautstarkes gedacht. Man brüllt und schreit, und die Menschen um einen herum bekommen Angst. So habe ich mich selbst nie gesehen. Ich bin meinen Kindern gegenüber nie laut geworden. Ich habe sie nie geschlagen, sie nicht einmal hart am Arm gefasst. Vielleicht hat es deshalb so lange gedauert, weil ich erst begreifen musste, dass es nicht so einfach ist, dass man gar nicht laut zu werden braucht, um jemandem Angst zu machen.

Nachdem das schlummernde Durcheinander im Bett zur Ruhe gekommen ist, greife ich wieder nach meinem Buch. Ich liege auf dem Rücken in der Dunkelheit, ganz am Rand, und lese Svens Stolpes Memoiren. Mein iPhone mit eingeschalteter Taschenlampe auf der Brust, damit die Kinder nicht geweckt werden. Das bläuliche Licht schafft eine fast unheimliche Stimmung, das Buch wirft einen Unheil verkündenden Schatten an die Decke. Ich lese stundenlang und suche nach dem Schlüssel zu seinem Hass. Und allmählich werde ich belohnt. Es beginnt mit einer Jahreszahl.

1932.

Das Jahr taucht immer wieder auf, wenn Stolpe über sein Leben schreibt. Etwas ist da geschehen. Etwas Entscheidendes.

Und dabei glaube ich nicht einmal an »entscheidende Augenblicke im Leben«. Für mich wirken sie wie eine nachträgliche Konstruktion, etwas, das einem so erscheint, wenn man zurückschaut. Man vereinfacht das Leben, wenn man das Dasein als eine Reihe von Ereignissen beschreibt, von denen einige »entscheidend« sind, und dann sollen es diese Ereignisse sein, die einen ausmachen. So läuft das nicht. Deshalb sind biografische Filme oft auch so schlecht. Ich habe *The King's*

Speech gesehen, über den britischen König Georg VI., der mit heftigem Stottern zu kämpfen hatte, und dann steht er da vor seinem Volk und soll die wichtigste Rede der Weltgeschichte halten: Er soll seinen Landsleuten ankündigen, dass sie sich im Krieg gegen Deutschland befinden. Wenn er jetzt stottert, ist es für ihn gelaufen. Wenn er es schafft, wird er Landesvater. Im Film ist es eindeutig – er steht und fällt mit diesem Moment. Er *ist* diese Rede. In Wirklichkeit machten König Georg, so denke ich jedenfalls, noch viele andere Dinge aus. Entscheidende Augenblicke im Leben sind ein Bluff.

Dennoch scheint 1932 etwas vorgefallen zu sein, das für Sven Stolpe alles verändert hat. »Das Leben erlosch«, wie er selbst es ausdrückt. In seinen ersten Memoiren schreibt er über das Geschehene, er sei »physisch und psychisch zusammengeschlagen worden«, und fährt fort: »Es veränderte mich physisch so stark, dass viele mich in der abgemagerten, verzweifelten Person, die ich anschließend war, gar nicht wiedererkannten. Und psychisch war es eine Katastrophe, die mich nie wieder losgelassen hat. Noch immer bin ich so sehr geprägt von diesem schrecklichen Ereignis, dass kaum eine Nacht vergeht, in der ich nicht von Albträumen geweckt werde, die alle um dieses eine Ereignis kreisen.«

Sommer 1932.

In seinen zweiten Memoiren kommt er erneut darauf zurück. Der Ton wird plötzlich schicksalsschwer, sentimental, beinahe feierlich. Etwas sei in diesem Sommer geschehen, so berichtet er, das dazu führte, dass er von einem Moment auf den anderen »den Glauben an die Menschheit verlor«. Es war offenbar so einschneidend, dass er sich entschloss, alles hinter sich zu lassen und von Stockholm aufs Land zu ziehen. Eine Strategie, die nicht aufging: »Was für ein lächerlicher Versuch: Als ob ich dort dem Geschehenen entgehen könnte. Es verfolgte mich, wo ich auch ging – jagte mich jahraus, jahrein und ist auch jetzt, da ich siebzig geworden bin, das entscheidende Erlebnis in meinem Leben, neben dem alle freudigen Ereignisse und sog. Erfolge lächerlich wie Streichhölzer erscheinen, die einen Augenblick aufflammen und dann erlöschen.«

Und noch etwas später schreibt er, das Erlebnis habe ihn »k. o. geschlagen«, und er sei nie wieder derselbe geworden. »Jahrzehntelang wurde ich Nacht für Nacht von denselben Albträumen geweckt, im Grunde genommen nur Fotografien einer Wirklichkeit, die mir einmal begegnet ist. So triumphierend, so brutal, so sinnesverwirrend hatte das Raubtiergrinsen des Lebens mir ins Gesicht geblickt, dass ich seitdem nichts anderes mehr vor mir sehen kann.«

Alles lässt sich durch diesen geheimnisvollen Schrecken erklären. Auch die Tatsache, dass Stolpes Bücher keinerlei Naturschilderungen enthalten, hat mit dem Trauma zu tun, das er erlebt hat, zumindest ihm selbst zufolge:

»Dafür gibt es eine Erklärung – ich habe das Dasein

als Gefängnis erlebt. Es interessierte mich nicht sonderlich, welche Blumen der Gefängniswärter in mein Fenster stellte.«

Im Sommer 1932 veränderte sich alles.

Die Frage ist nur: Was geschah damals? Darüber findet sich nirgends etwas. Sven Stolpe wurde oft dafür kritisiert, in seinem Schreiben überdeutlich zu sein. Hier jedoch bleibt er seltsam vage. Er schreibt ausführlich darüber, kommt aber nicht auf den Punkt. Er sagt alles und erzählt doch nichts. Er schreibt eingehend über die dunkle Seite seines Lebens, ohne sie je beim Namen zu nennen.

Das Seltsamste daran ist: Das Ereignis bleibt von der Familie vollkommen unbemerkt. Sven Stolpe ist ein wandelnder Mythos, eine Person, die wir durch drastische Geschichten aus seinem Leben beschreiben, einrahmen und zusammenfassen. So versuchen wir, ihn zu verstehen. Und hier ist plötzlich die Geschichte aller Geschichten, und über die weiß man rein gar nichts.

Meine Aufgabe wird dadurch schwieriger, aber auch interessanter.

Es scheint einen Punkt in Sven Stolpes Leben zu geben, an dem das Dunkle seinen Anfang nahm. Ein Trauma, ein Verrat, ein Schock. Vielleicht ist es ein banaler Gedanke, kindisch sogar, aber mir gefällt die Idee, dass die dunkle Seite, die ich geerbt habe, von diesem Ereignis herrührt, das vor langer Zeit im Leben meines Großvaters stattgefunden hat.

Ein singuläres Ereignis, das alles erklärt.

Mit wachsender Frustration lese ich weiter. Mir wird ein Knie in die Seite gerammt, eine Bewegung, die eine Kettenreaktion schläfriger Irritation auslöst, leichte Tritte und Schläge, als die Kinder sich drehen und wenden. Eines zieht an der Decke, ein anderes flüstert gereizt: »Lass das.« Sie schlafen wieder ein, eines nach dem anderen, Ruhe senkt sich über das Bett. Ich lese weiter, auf der Jagd nach etwas, das mich weiterbringen kann.

Und endlich werde ich fündig.

Ein Detail, das mir einen Hinweis auf die Beschaffenheit des Traumas liefert. Stolpe erwähnt es ganz kurz, ohne es weiter zu erläutern:

»Im Sommer 1932 wurde ich Opfer eines sexuellen Attentats.«

KAPITEL 6

20. Juni 1932

Mit Erleichterung stellt sie fest: Er arbeitet wieder.

Vor zwei Stunden hat er die Schreibmaschine in ihrem Zimmer ausgepackt und sich an den Schreibtisch gesetzt, der auf den Innenhof blickt. Seitdem sitzt er da und hämmert die Buchstaben zum weit geöffneten Fenster hinaus. Es soll ein Theaterstück werden, das hört man an den Geräuschen der Maschine, die eine ganz andere Disharmonie bilden als sonst. Wenn Sven Prosa schreibt, klingt es flüssiger, dann kann sie sogar etwas Entspannendes darin finden, auf dem Sofa zu liegen und auf das Rattern der Tasten zu lauschen, auf das Pling, das vor dem jeweiligen Zeilenende warnt und dann das Zurückschnellen des Wagens, wenn er die Schreibmaschinenwalze in die Ausgangsposition schiebt. Und dann beginnt es wieder von vorn. Ein Theaterstück bedeutet dagegen kurze Repliken, und damit häufigere Zeilenwechsel. Sven schlägt ein paarmal hysterisch in die Tasten, dann schiebt er den Hebel mit voller Kraft zurück, sodass es in der Mechanik schrillt. Immer und immer wieder. Es klingt, als wollte er die Maschine kaputt schlagen. Es ist unerträglich.

Dennoch ist es gut, dass er wieder schreibt. Tagelang ist er in einer Wolke von Schwermut herumgelaufen, die alle in seiner Umgebung beeinflusst hat. Sie hat versucht, ihm zu helfen oder ihn zu trösten, indem sie gesagt hat, was ein Autor an Intensität verliere, gewinne er an Tiefe, aber er wollte nicht darüber reden. Und wurde immer frustrierter. Jetzt aber schreibt er wieder mit einer Leidenschaft, die an früher erinnert.

Sie liegt auf dem Bett des kleinen Zimmers, das sie sich teilen. Neben dem Bett gibt es hier noch den Schreibtisch und einen begehbaren Kleiderschrank, der für ihrer beider Reisegarderobe zu klein ist. Es ist einfach, aber genau das ist beabsichtigt – hier soll man nicht in Luxus schwelgen. Man soll über Kunst und Religion diskutieren und etwas erschaffen. Sie fragt Sven, wie lange er heute Abend noch arbeiten wolle, und er reagiert wie üblich, indem er die Augen schließt und sich mit den Mittelfingern die Schläfen massiert. Eine Antwort bekommt sie nicht. Dann schreibt er weiter. Keine direkte Aggression, aber ein deutliches Zeichen, dass er in Ruhe gelassen werden möchte. So macht er das jetzt, wenn er sich beherrschen will. Er kommuniziert sein Missfallen, indem er gar nicht kommuniziert oder durch subtile Gesten, wie neulich, als sie sich ein Bad einließ und er plötzlich angelaufen kam und die Badezimmertür hinter ihr schloss. Er erträgt keine Geräusche. Es muss still sein um ihn herum. Sie überlegt, ob ihm eigentlich bewusst ist, wie viel Lärm er selber macht, wenn er so schreibt.

Sie hat ihr Kleid am Haken neben dem Bett aufgehängt, damit es nicht knittert. Auf ihrem Nachttisch liegt André Maurois' jüngster Roman, *Le cercle de famille,* aber sie kann sich nicht dazu aufraffen, ihn zu lesen. Auf der Ablage an der Tür liegt das Manuskript, das sie aus dem Französischen ins Schwedische übersetzen soll, aber auch darauf hat sie keine Lust.

»Ich geh mal kurz raus«, sagt sie, und Sven presst die Mittelfinger an seine Schläfen. Sie schlüpft in ihr Kleid und tritt hinaus auf den Korridor, die schrillende Schreibmaschinenwalze im Rücken und den Speisesaal vor sich. Es ist ein Vorsommerabend. Die Sonne ist im Mälar-See versunken, und es wird allmählich dunkel, noch aber hat niemand die Lampen eingeschaltet. Keiner ist mehr im Haus unterwegs, die meisten haben sich in ihre Zimmer zurückgezogen. Im dämmrigen Licht erinnert der Speisesaal an eine zwielichtige Kneipe kurz vor Thekenschluss. Lange Tische aus dunklem Holz und Sprossenstühle, die nebeneinander aufgereiht sind. Jemand vom Personal räumt die Buffetwärmer aus rostfreiem Stahl weg, jemand anderes wischt die Tische ab, ein letztes Geklapper aus der Küche von Schranktüren, die geschlossen werden. Eigentlich will sie hier nur durch, um zur Bibliothek zu gelangen, aber da entdeckt sie ihn in der Ecke, sieht ihn einsam dort sitzen und folgt einer

Laune, die sie sich im Nachhinein nicht erklären kann, denn es ist eigentlich gar nicht ihre Art.

»Darf ich mich kurz zu Ihnen setzen?«, fragt sie.

»Selbstverständlich«, antwortet er.

KAPITEL 7

1988

Oma stellt die letzten Dinge auf den Tisch, sie legt Serviettenringe neben die Teller und holt die Butterdose aus dem Kühlschrank. Mit jeder Schüssel, die sie aufdeckt, beeilt sie sich etwas mehr, denn sie sieht, dass Großvater bereits mit dem Essen begonnen hat. Schließlich stellt sie den Salzstreuer auf den Tisch und setzt sich zu uns. Wir essen Frikadellen mit Kartoffeln und Sahnesoße. Großvater benutzt die Gabel, um das Essen zu zerteilen. Er rutscht ab, und die Kartoffel bleibt ganz. Er versucht es noch einmal, und diesmal gelingt es. Wir essen schweigend, alle anderen Geräusche sind deshalb umso lauter. Durch den Heizkörper am Fenster rinnt leise Wasser, der Hahn am Spülbecken tropft. Draußen rauscht der Winterwind in den Bäumen. In einem anderen Zimmer läuft ein Radio.

»Was bringen sie euch in der Schule bei?«, fragt Großvater.

Ich erzähle, dass wir gerade die Wikinger durchnehmen und dass ich ein Referat über Ansgar halten werde.

»Ansgar?« Großvater muss lachen, er schüttelt den Kopf und durchbohrt ein Stück Kartoffel mit seiner Gabel. Ich weiß nicht, wie ich das deuten soll.

Als wir aufgegessen haben, räumt Oma den Tisch ab und ich helfe ihr beim Spülen. Oma spült mit kochend heißem Wasser, sie benutzt keine Bürste, nur die Hände, ihre Ringe klappern gegen das Porzellan. Ich stehe mit dem Geschirrtuch bereit und nehme die Teller entgegen. Seltsam eigentlich, wir könnten sie auch im Abtropfgestell trocknen lassen, aber das ist aus irgendeinem Grund keine Alternative. Ich reibe sie sorgfältig ab, und ich stelle keine Fragen. Oma nimmt Großvaters Teller vom Tisch, er hält eine Hand über sein Bierglas, um zu signalisieren, dass er es behalten will.

»Hat's geschmeckt?«, fragt Oma.

»Grässlich. Vielen Dank auch.«

Oma lacht. Ich verstehe nicht, was das soll. Warum sagt er so etwas? Er hat mit Appetit gegessen, sein Teller ist blitzblank. Sollte das ein Scherz sein? Großvaters Humor verstehe ich nicht immer. Einmal hat Oma mich zu ihm hochgeschickt, um ihn zu fragen, ob er nach dem Essen einen Sherry oder einen Cognac haben wolle. »Ja, gerne«, hat er da gesagt. Ich wunderte mich und fragte noch einmal.

»Oma fragt, ob du Sherry oder Cognac möchtest.«

»Ja genau, gerne!«

Verwirrt ging ich zu Oma zurück und gab weiter, was er gesagt hatte, und sie schüttelte den Kopf und lächelte.

Großvater steht auf und geht zur Tür.

»Wollen wir gleich noch alle zusammen Scrabble spielen?«, fragt Oma.

»Ich will Nachrichten sehen«, sagt Großvater. »Aber spielt ihr ruhig.«

Er scheint nicht sauer zu sein. Vielleicht hat er wirklich nur einen Witz gemacht.

Seit zehn Jahren stimmt etwas mit dem Fernseher nicht. Die höheren Frequenzen funktionieren nicht mehr, sodass die Stimmen immer verzerrt klingen, und um überhaupt etwas zu verstehen, dreht Großvater den Ton ganz laut. Es klingt furchtbar. Ein Brüllen, bei dem alle Stimmen unglücklich klingen, als wären sie im Fernseher eingesperrt und wollten raus. Großvater sitzt auf einem Sessel, den er sich ganz nah an das Gerät herangezogen hat. Gleichzeitig liest er ein Buch, es ist eines seiner eigenen. Neben ihm auf dem Tisch liegen Stapel von Büchern, sämtliche von ihm selbst verfasst. Vor ein paar Wochen hat er darum gebeten, ihm seine gesammelten Werke ins Wohnzimmer zu bringen, denn er wollte sich auf den neuesten Stand bringen. Er habe so viele Bücher geschrieben, meinte er, dass er sich kaum erinnere, worauf auch nur ein einziges von ihnen hinauslaufe.

Ich gehe zu ihm, und er blickt auf. Er ist dünner als früher, es sieht aus, als wäre sein Gesicht geschrumpft oder die Brille gewachsen, sie steht ihm von den Schläfen ab. Er lässt das Buch in seinen Schoß sinken.

»Was liest du?«, frage ich.

»Leicht, schnell und zart.«

»Worum geht es da?«

»Um schreckliche Dinge. Furchtbare Scheußlichkeiten.«

»Ist es gut?«

»Weißt du, was deine Mama zu diesem Buch gesagt hat?«

»Nein.«

»Als sie klein war, gerade angefangen hatte zu sprechen, konnte sie ›Leicht, schnell und zart‹ nicht aussprechen, deshalb hat sie ›Schnipp, Schnapp, Schnupp‹ dazu gesagt.«

Ich muss lachen.

»Das ist wirklich lustig«, sagt Großvater. »Schade, dass ich es nicht so genannt habe. Das hätte ihnen gefallen!«

Ich weiß nicht, wen er mit »ihnen« meint, traue mich aber auch nicht zu fragen. Ich schaue in das aufgeschlagene Buch, die Seiten sind voller Unterstreichungen und Randnotizen. Es ist überall mit Kommentaren versehen, die er während des Lesens gemacht hat: »Genial!« Und etwas weiter unten: »Gut ausgedrückt!« Und auf der nächsten Seite: »Brillant!«

»Komm, wir spielen«, sagt Oma, und als ich zu ihr gehe, denke ich, dass Großvater im Grunde wie eine Comicfigur ist, mit Zügen, die an menschliche erinnern, aber eigentlich ist er etwas anderes, er kommt irgendwo anders her.

»Du bist der Jüngste, du darfst anfangen«, sagt Oma. Ihr macht es Spaß, ich merke ihr an, wie sie plötzlich ruhiger wird. Oma legt das Wort »Brandblase«, und ich füge ein paar Buchstaben zu ihrem Wort hinzu, mache daraus »Brandblasenschmerz«. Oma betrachtet es lange, überlegt sorgfältig, beugt sich noch einmal vor, um sicher zu sein, dass sie richtig gelesen hat.

»Brandblasenschmerz. Was ist das?«

»Wenn es wegen der Brandblase wehtut«, sage ich. »Dann ist das Brandblasenschmerz.«

Oma schaut auf das Spielbrett. Ihre Augen leuchten. Sie reagiert auf dieses Wort, wie wenn man mit dem Auto schnell über einen Hügel fährt und es im Bauch kitzelt. Mit heller Stimme ruft sie:

»Ooh!«

Ich merke, wie Großvater aufblickt.

»Brandblasenschmerzen«, sagt Oma. »Nein, mein Lieber, das geht nicht!«

Großvater schließt die Augen.

Ich weiß bereits alles über diesen Streit. Ich spüre ihn, noch bevor er beginnt. Wie zu Hause, wenn Papa in die Küche kommt, wo Mama gerade Kreuzworträtsel löst. Ich sehe Mamas angewiderten Blick, wenn Papa den Kühlschrank öffnet und eine Salamischeibe herausholt und isst. Er ist noch nicht fertig. Er bleibt stehen und inspiziert den restlichen Inhalt des Kühlschranks. Er findet ein Stück Käse und schiebt es sich ebenfalls in den Mund. Ich konzentriere mich ganz auf Mama, sehe, wie ihre Miene sich verfinstert, wie sie sich duckt. Papa hat keine Ahnung, was passieren wird, aber ich weiß alles. »Du kannst dich doch wohl hinsetzen zum Essen! Nicht wie ein Tier dastehen und das Zeug in dich reinstopfen!«

Jetzt sehe ich, wie sich Großvaters Gesicht verfinstert. Oma ist ganz aufgekratzt.

»Brandblasenschmerz gilt nicht! Ein Plus am Rand für Erfindungsreichtum, aber das geht nicht!«

Ich sage nichts, blicke nur zu Großvater.

»Sven darf entscheiden. Er ist schließlich der Schriftsteller in der Familie.« Sie dreht sich zu ihm um. »Sven! Guck dir das mal an.«

»Verdammt noch mal!«

Großvaters Stimme ist laut, sie übertönt selbst den Fernseher. Eine Schockwelle geht über Omas Gesicht. Ihr Lächeln erstarrt.

»Hört das denn niemals auf? Ihr quatscht so laut, dass ich gar nichts hören kann.«

»Ich wusste nicht, dass du den Nachrichten folgst«, sagt Oma. »Du liest doch gerade.«

»Ich mache beides.«

Er steht auf. Er ist plötzlich ein anderer. Die Wut geht mit ihm durch, er hat sich nicht mehr im Griff.

»Ich mach beides! Beides! Verstehst du?«

Ich bin erschrocken, aber am meisten erschreckt mich die Angst in Omas Blick. Dass sie Angst vor Großvater hat. Sie wirkt so seltsam ratlos. Sie bringt kein Wort heraus. Sie schweigt und starrt auf die Tischplatte. Großvater steht neben uns, also sozusagen über unserem Scrabble-Brett, und starrt uns an. Dann legt er sein Buch weg und geht.

Wir bleiben sitzen.

Der Fernseher dröhnt.

Ich sehe Omas geäderte Hände. Den Ehering an ihrem Finger. Sie sieht so zart und elegant aus in ihrer Seidenbluse. Mit dem Schal, den sie oft trägt, um die Brandwunden vom Autounfall an ihrem Hals zu verbergen. Ich begreife plötzlich, dass sie sich für mich, den Besuch, schön gemacht hat.

Ich sehe, dass die Situation ihr unangenehm ist, und möchte meine Hand auf ihre legen. Aber ich weiß nicht, wie ich es anstellen soll.

KAPITEL 8

Im Sommer kann man die Königliche Bibliothek vor lauter Bäumen nicht mehr sehen. Es ist geradezu ein Wunder, wie ein so riesiges Gebäude mitten in Stockholm derart verschwinden kann. Erst Ende September kann man sie manchmal von der Sturegatan oder der Engelbrektsgatan aus durch das gelbe Laub blitzen sehen. Ich komme täglich hier vorbei, bin aber bisher noch nie hineingegangen. Was wahrscheinlich an einer Art Bildungskomplex liegt. Hier kommen nur Wissenschaftler hin, denke ich mir, die es mit ihrer akademischen Karriere wirklich ernst meinen. Erst vor Kurzem habe ich begriffen, dass jeder in den Lesesälen willkommen ist. Und angesichts der Tatsache, dass Sven Stolpe hier in unterschiedlichen Phasen seines Lebens gesessen hat, ist es wahrscheinlich ein guter Ort für mich, um mich weiter in das Rätsel zu vertiefen, das er darstellt.

Und er ist ein Rätsel.

Je länger ich über ihn nachdenke, desto mehr Erinnerungen aus meiner Kindheit tauchen auf. Ein Essen bei den Stolpes irgendwann Anfang der Achtzigerjahre. Zum Nachtisch soll es flambierten Plumpudding geben, im Esszimmer wird das Licht gelöscht, ich sehe Omas konzentriertes Gesicht, als sie mit dem brennenden Dessert hereinkommt, das blaue Feuer erleuchtet den Raum, ich höre Applaus, jemand ruft: »Bravo!« Alle Stolpe-Kinder sind versammelt, bis auf eines: den Sohn, der Dichter werden will. Nachdem der Pudding verteilt worden ist, verschwindet Großvater kurz und kehrt mit der frisch erschienenen Gedichtsammlung eben jenes Sohns zurück. »Zeit für einen Amateurabend«, sagt er und trägt vor versammelter Gesellschaft die schlechtesten Stücke vor. Er verstellt seine Stimme, spricht Wörter bewusst falsch aus, lacht laut und schüttelt den Kopf und liest anschließend weiter. Die Stimmung wird immer gedrückter. Niemand wagt, ihm über den Mund zu fahren. Schweigend sitzen alle da und hören sich ein Gedicht nach dem anderen an.

Seinen abwesenden Sohn vor den Geschwistern derart lächerlich zu machen, zeugt von einer Boshaftigkeit, wie ich sie seitdem nirgendwo mehr erlebt habe. In der Öffentlichkeit sagt man über Sven Stolpe, dass er aufbrausend und exzentrisch war, vielleicht sogar ein Original. Er wird immer mit einem Augenzwinkern beschrieben.

Aber das hier ist etwas anderes.

Die Erinnerung an jenen Abend ekelt mich.

Eine Art mit Entsetzen gemischte Scham, weil dieser

Grimm nicht nur Sven Stolpes ist, sondern der der ganzen Familie, auch mein eigener. Ich habe in der These von der Wut, die über Generationen vererbt wird, etwas Tröstliches gesehen. Denn dann bin ich nicht selber schuld. Ich brauche nicht so streng mit mir zu sein. Aber hier hat es etwas Unangenehmes, beinahe Schicksalsschwangeres, denn wenn die Wut nicht meine ist, wenn ich nur ein Wirtstier dafür bin, vorübergehend für eine bestimmte Phase in der Familie, dann wird sie anschließend weitergegeben, an die nächste Generation.

Ich denke an meine Kinder.

Das muss aufhören.

Ich ducke mich unter dem Sommerregen, der auf den Kiesweg zwischen Humlegårdgatan und dem Gebäude fällt, und eile die Stufen hinauf, die zum Haupteingang der Königlichen Bibliothek führen. Ich ziehe an den Griffen, um die Tür zu öffnen, aber sie ist schwergängig, und ich ziehe fester. Ist sie geschlossen? Ich wölbe die Hand über dem Glas und schaue hinein. Zwei Meter von mir entfernt sitzt die Rezeptionistin. Sie macht eine Geste und mimt:

»Drücken.«

Ich drücke die Tür auf.

Sie sieht mich ausdruckslos an, als ich an ihr vorbeigehe, ich weiß, was sie denkt: ein akademischer Tourist. Kein richtiger Wissenschaftler.

Aber sie hat nicht unbedingt recht. Ich habe Sven Stolpes autobiografische Texte durchgelesen und stürze mich jetzt auf seine Romane. Zwischen 1929 und 1959 hat er fünfzehn Stück geschrieben. Ich gehe methodisch vor und überlasse nichts dem Zufall. Ich tue, was ich muss, und ich mache es gut. Mein Tempo hätte Sven Stolpe sicher hohnlachen lassen. Er selbst war wahrscheinlich Weltrekordhalter im Bücherlesen. Drei pro Tag, jeden Tag in der Woche, egal unter welchen Umständen. Immer am frühen Morgen, wenn das Haus noch schlief. Um fünf stand er auf, und wenn er mit seinen drei Büchern fertig war, in der Regel gegen neun, ging er in die Küche hinunter und machte sich eine Tasse Kaffee. Nach und nach tauchte der Rest der Familie schlaftrunken aus den Nebeln auf, um den Morgenkaffee einzunehmen.

Eine weitere Anekdote über Sven Stolpe, die die Leute normalerweise nicht ganz ernst nehmen. Aber wir, die wir dabei waren, wissen, dass sie stimmt. Ich habe ihn mal lesen sehen, und nie wieder etwas Vergleichbares erlebt. Er legte den Finger oben an den linken Rand der Seite und führte ihn diagonal zur rechten unteren Kante. Er las eine Seite innerhalb von sechs oder sieben Sekunden. Bei Gästen war das ein beliebter Höhepunkt des Besuchs. »Gebt mal ein Buch her, damit Sven lesen kann«, rief jemand, und dann verstummten alle am Tisch, wenn er zehn Sekunden bekam, um sich die Seite einzuprägen. Anschließend nahm man ihm das Buch weg, und er konnte den Text Wort für Wort wiedergeben. Jubel und Prosit, und mach das noch einmal! Er behauptete selbst, dass er etwa fünfundvierzigtausend Bücher gelesen habe, aber das glaubte ihm niemand recht.

Wenn ich mich jetzt also an Stolpes Romane mache, werden es keine drei Bücher pro Tag. Es geht zäh voran, zumindest anfangs, als ich noch nicht weiß, wonach ich eigentlich suche. Aber nach dem fünften oder sechsten Buch bin ich gefangen von einer Entdeckung, die mir keine Ruhe lässt: Er schreibt immer über dasselbe Thema. Die Personen wechseln, die Umgebung ändert sich, Jahrzehnte vergehen, aber er erzählt dieselbe Geschichte, jedes Mal. Ich verstehe das nicht. All diese Leute, die sich wissenschaftlich mit Sven Stolpes Literatur beschäftigen – warum hat das niemand von ihnen bemerkt?

Ich lese *Welt ohne Gnade*. Der Protagonist Wilhelm Canitz versucht, als guter Christ mit der Untreue seiner Frau umzugehen, geht dabei jedoch unter.

Mittsommernacht – Amtsgerichtsdirektor Rutger Leopold ist in der Ehe betrogen worden. Für Leopold wird dieser Verrat zum entscheidenden Ereignis seines Lebens.

Spiel in den Kulissen – das Leben des politischen Journalisten Hans Graber zerbricht, als er feststellt, dass seine Frau ihn mit Premierminister Herbert Falk betrügt.

Sakrament – der berühmte Schauspieler Erik Leopold stellt fest, dass seine Frau ihm untreu ist, lässt sich scheiden und lebt fortan ein Leben in Dunkelheit.

Feige, Döbeln, Frau Birgitta lächelt, Madame Sallerin, Kupferschmied Alexander, Eisenbrüder – sämtliche Romane kreisen um dasselbe Thema. Sven Stolpes literarisches Werk ist eine pulsierende, offene Wunde. Er scheint wie besessen davon, Frauen zu gestalten, die ihre treuen Männer betrügen. Die Grundeinstellung ist immer christlich, die Ehe ist heilig, trotz Krisen trennt man sich nicht. Aber der Rest des Lebens verläuft niemals glücklich.

Da ist ein Pathos, das mit jedem Buch, das ich lese, wächst. Sven Stolpe benennt niemals, was ihm in jenem Sommer zugestoßen ist. Er trägt den Schmerz allein, sein Leben lang. Es waren seine Bücher, in denen er um Hilfe rief, als ob er in einem nach dem anderen brüllte: Ich gehe unter! Es war seine Art, das Trauma zu verarbeiten, er versuchte, sich davon zu befreien, indem er darüber schrieb. Es misslang ihm immer wieder – und er versuchte es in jedem Buch aufs Neue. Deshalb sind seine Werke die Wiederholung ein und desselben Ereignisses, des sexuellen Attentats, dem Sven Stolpe im Sommer 1932 ausgesetzt wurde.

Ich komme in die Cafeteria der Königlichen Bibliothek, wo Studierende über ihre Bücher gebeugt dasitzen und heimlich ihr mitgebrachtes Essen aus den Rucksäcken holen. Es riecht nach Banane und nassen Jacken. Ich bestelle einen Latte Macchiato bei der jungen Frau an der Kasse, und sie fragt, ob ich Café au lait meine. Ich bin sprachlos, dieses Wort habe ich seit Jahrzehnten nicht mehr gehört. Ich empfinde die Königliche Bibliothek plötzlich als Zeitkapsel, in der das Jahr für immer 1912 ist und wir uns in Paris befinden.

Ich setze mich an einen freien Fenstertisch und nehme das Buch heraus, das ich gerade beginnen will, den letzten Roman, den ich noch lesen muss, *Leicht, schnell und zart* aus dem Jahr 1947. Es ist ein großartiger Titel. Ich werde sofort in die Handlung reingezogen. Der Protagonist Edvard Kansdorf findet einen Brief, den seine Frau einem anderen Mann geschrieben hat. Ihm geht auf, dass sie ihn betrügt. Damit beginnt für den jungen Mann eine Höllenfahrt. Je weiter ich lese, desto schrecklicher wird sein Leben. Am Ende des Buches sucht er den Liebhaber seiner Frau auf und stellt ihn zur Rede. Und dann geht der Protagonist unter.

Wieder dasselbe Thema: die Untreue der Frau gegenüber ihrem Mann.

Mir kommt ein unangenehmer Gedanke, der mir keine Ruhe lassen will. All diese Variationen liederlicher, treuloser Frauen, Roman für Roman. Ist es meine Großmutter, über die er da schreibt?

KAPITEL 9

20. Juni 1932

»Darf ich mich kurz zu Ihnen setzen?«, fragt Karin.

»Selbstverständlich«, antwortet er.

Er wirkt überrascht. Sie haben sich bisher noch nie unterhalten, bis auf ein paar Worte neulich in der Kapelle, als er ihr seinen Sitzplatz anbot, weil alle anderen schon besetzt waren. Aber er ist ihr aufgefallen, sie sind auf den Fluren aneinander vorbeigegangen und haben sich freundlich zugenickt, und sie weiß etwas mehr über ihn als nur seinen Namen. Sohn eines Bankiers und einer Gräfin, und in gerader Linie verwandt mit dem Dichter Erik Gustaf Geijer. Er studiert Geschichte, hat jetzt aber anscheinend beschlossen, selbst Dichter zu werden. Sie sieht ihn oft mit seiner Schreibmaschine. Sie weiß nicht, ob er Talent hat oder ob es nur die kindischen Träume eines jungen Mannes sind, aber Sven hat offensichtlich etwas in ihm gesehen. Er gehörte zu denjenigen Studenten, die Sven als Zuhörer ausgesucht hat, als er neulich im Turmzimmer einen Essay zum Besten gab. Was als Ehre angesehen werden muss. Sie erinnert sich nicht, dass er auch nur irgendeinen wertvollen Beitrag geliefert hat, er stand ganz hinten mit dem Rücken zur Wand und machte sich Notizen auf seinem Schreibblock. Vielleicht ist er schüchtern.

Er ist gut angezogen, aber Karin hat bemerkt, dass er zwischen drei Anzügen wechselt, einem schwarzen, einem dunkelblauen und einem grauen. Manchmal trägt er Schlips, aber meistens Fliege. Ihr ist aufgefallen, dass er immer einsam wirkt, auch wenn er mit anderen zusammensitzt. Er lächelt oft, aber auch dann sieht er ein wenig traurig aus. Seine Augen sind ständig feucht. Als würde er von plötzlicher Rührung ergriffen und könnte jeden Moment in Tränen ausbrechen. Manchmal, wenn sie ihn mit der Schreibmaschine sieht, den blanken Blick in die Ferne gerichtet, vermutet sie, dass er sich an etwas aus seiner Kindheit erinnert.

Sie hat sich ihm gegenübergesetzt, aber mit etwas Abstand zum Tisch, um zu signalisieren, dass sie bald wieder aufbrechen wird.

»Schmeckt das Essen?«, fragt sie.

»Wie üblich«, antwortet er. »Aber ich salze ordentlich nach, dann ist es erträglich.«

Sie lächelt.

»Man muss allerdings salzen, wenn vom Personal niemand hinguckt. Sonst sind sie beleidigt«, sagt sie.

»Ich weiß. Ich erzähle ihnen, dass es an mir liegt und nicht am Essen. Dass mit meiner Zunge etwas nicht stimmt und ich ordentlich salzen muss, um überhaupt etwas zu schmecken. Das scheinen sie zu akzeptieren.«

Neben dem Teller hat er seine Schreibmaschine stehen, in einem schwarzen glänzenden Futteral, ein Notizbuch mit Ledereinband liegt daneben. Sie zeigt auf das Futteral.

»Ich habe Sie schon mehrmals damit gesehen«, sagt sie. »Was schreiben Sie?«

»Das wechselt von Tag zu Tag. Gestern habe ich einen Sanatoriums-Roman geschrieben. Aber heute sieht es eher so aus, als würde ich Gedichte verfassen.«

»Interessant, wenn man Abwechslung hat.«

»Ja, so komme ich mit dem Schreiben am besten voran, das habe ich festgestellt. Ich verfasse einen Entwurf, den ich schnell verwerfe, und dann fange ich mit etwas Neuem an. Ich weiß nicht, wie gut ich als Autor bin, aber diese Begabung habe ich jedenfalls: Ich bin ein guter und strenger Lektor meiner eigenen Texte.«

»Sie haben ein einzigartiges Auge für Ihre eigene Unzulänglichkeit?«

»Genau.«

Er hält sich die Hand vor den Mund, wenn er lacht, wie ältere Leute es tun, um zu verbergen, dass ihnen Zähne fehlen. Es sieht bescheiden aus, als wolle er nicht zu viel Raum mit schallendem Gelächter einnehmen.

»Wo ist Herr Stolpe?«, fragt er.

»Er schreibt an seinem nächsten Werk und darf nicht gestört werden.«

»Was wird es?«

»Anscheinend ein Stück.«

»Interessant.«

»Ja«, sagt sie und blickt zerstreut auf ein Ölgemälde, das genau über seinem Kopf hängt. »Wir werden sehen.«

»Sie klingen nicht so begeistert.«

»Sven hat eher ein anderes Problem als Sie. Er schreibt in rasendem Tempo und veröffentlicht ständig etwas, in Zeitungen und Büchern. Manchmal wünschte ich mir …«

»Dass er dasselbe Auge für seine Erbärmlichkeit hat, wie ich für meine?«

»Das habe ich nicht gesagt.«

Sie schaut auf seinen Teller. Seit sie sich zu ihm gesetzt hat, hat er das Essen nicht angerührt. Sie erhebt sich.

»Sie müssen essen, wenn etwas aus Ihnen werden soll«, sagt sie.

Sie stibitzt ein Stück Käse von seinem Teller und steckt es sich rasch zwischen die Lippen. Er sieht sie überrascht an, hält sich die Hand vor den Mund und lacht.

»Viel Glück«, sagt sie und geht.

KAPITEL 10

Ich bin nicht vorbereitet, deshalb reagiere ich mit einem dumpfen Körpergeräusch, wie wenn man unerwartet einen Schlag in den Magen bekommt.

Ein paar Leute, die mir im Lesesaal der Universitätsbibliothek von Uppsala am nächsten sitzen, blicken von ihren Büchern auf, kehren aber gleich wieder zu ihren eigenen Angelegenheiten zurück. Ich habe eine Foto-Tasche von der Sorte geöffnet, wie sie in den Neunzigerjahren üblich waren. Sonnenuntergangelbes Papier, das Kodak-Logo oben in der Ecke und die Aufforderung: »Bestell die besten Bilder in größerem Format!« Das oberste Foto im Stapel ist ein Bild von Sven Stolpe, unmittelbar nach seinem Tod aufgenommen. Er liegt auf einem Bett, zurechtgemacht in einem weißen Hemd mit goldenen Manschettenknöpfen. Die Hände sind wie zum Gebet gefaltet und um den Stängel einer Rose geschlossen, die mit ihrer hellrosa Blüte bis an sein Kinn reicht, als hätte er daran gerochen und wäre dann eingeschlafen. Ich erkenne den Raum sofort wieder, es ist sein

Schlafzimmer in Filipstad, im Hintergrund der Heizkörper, gegen den er immer mit dem Stock geschlagen hat. Auch die Vorhänge erkenne ich und die Fensterbank, auf der sich die Bücher stapeln.

Man sagt ja manchmal, dass Tote etwas Friedliches an sich haben – endlich ist das Leiden vorbei. Aber er wirkt nicht friedlich. Er sieht immer noch aus, als würde er unruhig schlafen.

Seine Nägel könnten mal geschnitten werden.

Ich mache mit dem Handy ein Foto von dem Bild. Ich schicke es meinem jüngeren Bruder. Ich habe dafür keine andere Entschuldigung, als dass ich das Erlebte mit jemandem teilen möchte. Ich mache noch ein Foto. Dann höre ich, wie sich jemand räuspert, es ist die Bibliothekarin, die direkt neben mir steht und auf mich und die Fotos herabblickt.

»Man kann hier drinnen für den Eigenbedarf Bilder des Materials machen«, flüstert sie. »Aber wenn Sie etwas veröffentlichen wollen, müssen Sie das anmelden.«

Ich nicke. Die Bibliothekarin schaut auf das Foto eines toten älteren Mannes im Bett, anschließend sieht sie mich mit einem Blick an, den ich als angewidert empfinde, und verschwindet. Ich merke, dass sie hier genervt von mir sind. Ich habe es gestern bei meinem Anruf schon gespürt. Ich habe erklärt, wer ich bin, dass ich über Sven Stolpe forsche und gehört habe, dass es in der Unibibliothek Unterlagen zu seinem Leben geben soll.

»Ja, das Sven-Stolpe-Archiv liegt hier bei uns«, sagte ein Mann am Telefon.

»Was bedeutet das? Was gibt es in dem Archiv?«

»Na ja, es ist ein Archiv.«

Schweigen.

»Das habe ich verstanden«, sagte ich. »Aber was genau ist in dem Archiv? Gibt es da Tagebücher und unveröffentlichte Notizen und Ähnliches?«

»Ja, Tagebücher, Taschenkalender, Zeitungsausschnitte und Briefe. Das Gesamtverzeichnis gibt es im Internet, das Einfachste wäre, wenn Sie da anfangen.«

»Dann komme ich morgen vorbei und schaue mir alles an.«

Er fing an zu lachen.

»So einfach ist das nicht. Sie können nicht einfach vorbeikommen und ›alles anschauen‹. Sie müssen sich anmelden, einen Bibliotheksausweis beantragen, und dann bestellen Sie das, was Sie sich ansehen wollen, und wir stellen es für Sie zusammen.«

»Ich interessiere mich vor allem für die Briefe. Die kann ich also bestellen und dann lesen?«

»Nein.«

»Wieso?«

»Sven Stolpe hat über siebentausend Briefe aufbewahrt. Wir können keine siebentausend Briefe bereitstellen, so große Bestellungen kann man nicht aufgeben.«

Ich fühlte mich lächerlich erregt. Wie ein Privatdetektiv, der kurz vor einer entscheidenden Entdeckung steht und dann feststellt, dass man ihm entgegenspielt. Es liegt ein Geheimnis zwischen all den Papieren und Briefen, aber irgendjemand hat ein Interesse daran, dass ich es nicht finde. Aus Trotz ging ich auf die Bibliothekswebsite und bestellte mir alles zur Ansicht. Ich schrieb: »Mir wurde gesagt, ich könne nicht das gesamte Archiv von Sven Stolpe bestellen, aber genau darum möchte ich bitten. Suchen Sie alles raus. Dann ersparen Sie sich viel Rennerei.«

Und jetzt sitze ich hier, umgeben von Kartons, die gefüllt sind mit seinen Briefen, Mappen, Zetteln, Notizen, Fotos, Tagebüchern, Rezensionen und Artikeln, und ganz oben im ersten Karton liegt die Foto-Tasche mit dem Bild meines frisch verstorbenen Großvaters. Es kommt mir vor, als wäre es Absicht, als hätte es jemand als logischen Abschluss da einsortiert, ein Erklärungsversuch für eventuelle spätere Leser, weshalb diese unaufhörliche Produktivität plötzlich aufgehört hat.

Die Briefe sind alphabetisch geordnet, und ich weiß nicht, wonach ich suche, also beginne ich mit dem, was mir am unterhaltsamsten erscheint. Ich lese seine Briefe an Astrid Lindgren. Seine Korrespondenz mit Ingmar Bergman. Seine wütenden Briefe an den ehemaligen Finanzminister Gunnar Sträng – Stolpe regt sich maßlos über ein neues Steuergesetz auf, das ihn vollständig ruiniert, und Gunnar Sträng antwortet höflich und zurechtweisend. Die infernalischen, hasserfüllten Briefe an Eyvind Johnson. Mit jedem Brief macht er sich weitere Menschen zu Feinden. Was sie tun, ist »unverzeihlich« und »wird nicht so schnell vergessen«, und dann ständig die Beteuerung, dies sei das letzte Mal, dass sie von ihm hörten. Er ist ein Mann, der ständig polemisiert, und solange es von der Kulturszene handelt, ist das sehr unterhaltsam. Es geht um gekränkte Autoren und Journalisten, die wegen Dingen aneinandergeraten, die heute vollkommen belanglos erscheinen. Trauriger wird es, je stärker seine Launen sich gegen die Familie richten. Bereits im ersten Brief in der Sammlung an seine Mutter, geschrieben Mitte der Zwanzigerjahre, erklärt er ihre Beziehung für beendet: »Ich schlage vor, wir leben jetzt getrennte Leben. Denk nicht mehr an mich, schenk mir nichts und schreib mir auch keine Briefe.« Sie nehmen den Kontakt wieder auf und schaffen es im Lauf der Jahre noch mehrfach, sich die Bekanntschaft aufzukündigen, bis die Mutter irgendwann stirbt.

Eine Mappe enthält ausschließlich die Korrespondenz mit seinen Kindern. Hier mischen sich Briefe praktischer Natur mit regelrechten Abrechnungen. Von einem Briefwechsel mit einem seiner Söhne Ende der Siebzigerjahre kann ich mich nur schwer wieder losreißen. Sven Stolpe hat seinen Sohn öffentlich lächerlich gemacht, und dieser antwortet in einem Brief:

Ich möchte nur Folgendes sagen: Hätte irgendjemand anderes mir dies angetan, hätte ich ihn mit bloßen Händen erwürgt. Ich habe keine Lust, weiter die Hand auszustrecken. Also lass mich endlich in Ruhe. Wenn mir auch nur noch ein Wort über mich oder meine Familie zu Ohren kommt, werde ich auf Leben und Tod kämpfen. Die Briefe meines Vaters werden von nun an nicht mehr geöffnet. Sollte ich Deine Stimme am Telefon hören, werde ich sofort auflegen. Der Rest ist Schweigen. Heilsames Schweigen.

Sven Stolpe antwortet umgehend und teilt ihm seine Idee mit, in einem Buch mit ihm abzurechnen.

Nach Deinem letzten Brief ist jede weitere Begegnung unmöglich. Wir werden uns in diesem Leben nicht wiedersehen. Ich werde nicht mehr antworten, außer durch einen Roman, der den Titel Ein Sohn tragen wird. Mein Archiv, das der Universität Uppsala überlassen wird, wird all Deine Hassbriefe enthalten und auch alle Quittungen für Deine Schulden, die ich bezahlt habe. Und damit ein endgültiges Lebewohl.

Durch die Briefe werde ich in giftige Kämpfe geworfen, die sich über Jahre hingezogen haben. Es ist wie eine Droge, einmal angefangen, kann ich nicht mehr aufhören zu lesen. Jede unversöhnliche Äußerung, jeder Wutausbruch reißt eine weitere Brücke ein. Ich kann nachverfolgen, wie mein Großvater Stück für Stück an seiner Einsamkeit baut.

Die Briefe an seine Frau Karin sind formell, meist geht es um praktische Dinge. Vor allem um Geld. Eine ständige Angst vor finanziellen Schwierigkeiten. Er fürchtet sich vor unvorhergesehenen Ausgaben für das Haus und ist immerzu pessimistisch, permanent am Rande des Ruins. »Das schaffen wir nicht«, schreibt er, als er erfährt, dass das Dach erneuert werden muss. »Das ist unser finanzielles Ende.« Selten schreibt er ihr etwas Persönliches, er beginnt seine Briefe nie anders als mit »Karin« und beendet sie mit »Sven«. Keine Zärtlichkeitsbeweise, nirgendwo. Ein Brief jedoch unterscheidet sich von den anderen, er ist auf das Jahr 1952 datiert. Stolpe ist verreist, um an seinem neuen Roman zu arbeiten, und er schreibt einen glühenden Brief an Karin, voller Zuversicht: »Ich glaube, jetzt habe ich es! Ich habe den ganzen gestrigen Tag gut gearbeitet und heute auch wieder den ganzen Tag. Ich bin so froh und erleichtert. Keine Dämonen sind aufgetaucht – ich habe keinen Augenblick an OL gedacht.«

Wer ist OL?

Ich lese den Brief ein zweites Mal. Versuche herauszufinden, ob Karin geantwortet hat, finde aber nichts. In einem Brief fünf Jahre später schreibt Stolpe: »Dies Leben, eine ewige Dunkelheit. Ich sehe kein Licht, oder nein, sobald ich Licht sehe, kehrt OL zurück, in meinen Gedanken und in meinen Albträumen.«

Ich finde einen Taschenkalender von 1950, in dem er notiert, dass er wegen einer Disputation im Stallmästergården war: »Habe OL getroffen, mit den üblichen Folgen: Krise, Apathie, verzweifelte Gebete.«

Diese geheimnisvollen Initialen tauchen immer wieder auf, in verworfenen Skizzen, in Briefen an Angehörige. Über fünfzig Jahre hinweg. Ein ständiger Dämon in Stolpes Dasein. OL hat sein Leben zerstört.

Und plötzlich fällt es mir wie Schuppen von den Augen.

Ich bin der Privatdetektiv, der endlich das entscheidende Puzzleteil gefunden hat.

Der Mann, der Sven Stolpes Leben zerstört hat, war keine Person, die im Verborgenen handelte. Er war berühmt, sogar noch berühmter als Stolpe selbst.

Und die Feindschaft zwischen ihm und Sven Stolpe ist legendär.

Er war nicht nur ein Feind – er war *der* Erzfeind.

Er, dessen Namen wir bei Familienzusammenkünften auf keinen Fall erwähnen durften.

Dieser gegenseitige Abscheu, der so extreme Ausmaße annahm, dass es für Außenstehende völlig unbegreiflich schien. Dass ich nicht erkannt hatte, dass so ein Hass nicht aus ideologischen, politischen oder religiösen Meinungsverschiedenheiten entspringen kann. So etwas wurzelt viel tiefer – so etwas entspringt aus einem ultimativen Verrat.

Die Bibliothekarin tritt zu mir und flüstert so leise, dass ich es kaum hören kann: »Wir schließen jetzt.« Ich blicke auf, sehe mich um, der Raum ist leer. Die Archivwagen werden unter die Erde zurückgefahren, in den vergilbenden Papierfrieden hinab. All die Menschen, die eben noch neben mir gesessen und sich über Dokumente gebeugt haben, sind verschwunden. Ich packe meinen Rechner und mein Notizbuch zusammen.

»Haben Sie gefunden, was Sie gesucht haben?«

»Ja«, erwidere ich. »Ich glaube, meine Großmutter hatte eine Affäre mit Olof Lagercrantz.«

KAPITEL 11

20. Juni 1932

Olof blickt ihr nach, als sie davongeht. Er sitzt immer noch im verlassenen Speisesaal, schaut auf den blau werdenden Mälar-See hinaus. Drinnen sieht man kaum noch etwas, doch er erkennt die Umrisse zweier Frauen vom Personal, die in der Türöffnung stehen und zu ihm herüberstarren. Alle Tische sind abgeräumt, bis auf seiner. Er steht auf und ruft »Danke fürs Essen« Richtung Küche, eine der Damen drinnen winkt zur Antwort mit einem Küchengerät, dann geht er hinaus.

Er folgt dem dunklen Korridor bis zu seinem Zimmer. Karin Stolpe. So hat er sie sich gar nicht vorgestellt. Er hatte sie für kühler gehalten. Jedes Mal, wenn er ihr bisher begegnete, hatte sie etwas Überlegenes an sich, das ihm nicht gefiel. Sven Stolpes Frau, die Gefeierte, die selten einen Blick erwiderte und niemals das Du anbot, die sofort alle Aufmerksamkeit auf sich zog, sobald sie einen Raum betrat. Als er vor ein paar Tagen ins Turmzimmer eingeladen worden war, wo Sven Stolpe einen Artikel über Literaturkritik vorlas, hatte sie neben ihrem

Mann gesessen und dekorativ ausgesehen. Stolpe wurde von seinen Zuhörern hart angegangen, zu Recht, denn der Text war schwach und so voller widersprüchlicher Angriffe in alle Richtungen, dass man ihn nur schwer ernst nehmen konnte. Die Einzige, die auf Sven Stolpes Seite gestanden hatte, war seine Frau Karin. Ihre Versuche, mittels direkter Bitten die Zustimmung der anderen für ihn zu gewinnen, waren einfach nur peinlich gewesen. Aber die Frau, mit der er sich eben im dämmrigen Speisesaal unterhalten hat, ist ganz anders. Und unmerklich verändern sich seine Erinnerungsbilder vom Turmzimmer, sie nehmen andere Farben und Zwischentöne an. Für Sven Stolpe ist alles ein Krieg, sie hat dieses Weltbild akzeptiert – und sich für eine Seite entschieden. Das braucht nicht unbedingt albern zu sein. Man kann es auch als Treue ansehen, als Ehrensache: Nach außen hin und vor anderen steht sie zu ihrem Mann, auch wenn er unrecht hat. Das gefällt Olof.

Im Bett liest er den *Zauberberg* von Thomas Mann, ein Roman, der ihn sehr beeindruckt. Im Winter war er selbst an Schwindsucht erkrankt, und die Beschreibungen des Sanatoriums erinnern ihn an die vier Monate, die er in einer ähnlichen Einrichtung im norwegischen Mesnalien verbracht hat. Beim Lesen kommt das alles wieder hoch: die Stille auf den Korridoren, die eigenartigen Behandlungsmethoden, die beinahe etwas Religiöses an sich hatten, die Liegekuren und die ständige Angst vor der ärztlichen Visite und den Laborergebnissen, die Geräusche der Krankheit, die durch die dünnen Wände drangen, die Kälte, die einen durchfuhr, wenn der Krankentransport kam und einen weiteren verstorbenen Patienten abholte. Vielleicht ist dieser Winter der Tiefpunkt seines Lebens gewesen, so empfindet er es, vor allem der späte Frühling, als er sich in einem psychoseähnlichen Zustand befand und überzeugt war, sterben zu müssen. Aber er hat überlebt und ist nach und nach kräftiger geworden. Und seit er hier ist, haben auch seine Träume wieder an Kontur gewonnen. Er fühlt sich leicht und im Reinen mit sich selbst. Er wird weiter Geschichte studieren und niemals den Traum vom Schreiben aufgeben. Die ersten einundzwanzig Jahre sind eine harte Vorbereitung gewesen, aber jetzt beginnt das Leben.

Kurz vor dem Einschlafen blitzt eine Erinnerung von seinem Zusammentreffen mit Karin im Speisesaal auf: wie sie ihr Haar hochsteckt, die weißen Arme über dem Kopf, sodass sie ihr Gesicht einrahmen. Mehr ist es nicht, ein flüchtiges Bild, das auftaucht und wieder verschwindet.

KAPITEL 12

Ich habe mir in verschiedenen Antiquariaten in ganz Schweden sämtliche Bücher von Olof Lagercrantz bestellt, und drei Tage später treffen sie ein, eines nach dem anderen, sorgfältig in Blasenfolie oder Wellpappe gewickelt. Überall in meinem Arbeitszimmer liegt Verpackungsmaterial verstreut, ich stürze mich auf jedes Buch, das ankommt. Viele Titel erkenne ich wieder, weil ich die Rezensionen gelesen habe, die Sven Stolpe über sie verfasst hat. Jedes hat er lustvoll gemeuchelt. Und Lagercrantz erwiderte das Feuer – sobald Stolpe ein Buch herausgab, schrieb er einen Verriss desselben. Sie bagatellisierten, schmähten einander, ließen kein gutes Haar am jeweils anderen, und das über Jahre. Ihr Konflikt reichte von den Dreißigerjahren bis zu ihrem jeweiligen Tod. Eine siebzig Jahre währende Feindschaft, und eine der erbittertsten, die die schwedische Kulturszene je erlebt hat.

Als Sven Stolpe 1980 ein ganzes Buch über Olof Lagercrantz schrieb, erreichten die Spannungen einen

Höhepunkt. Es trug den Titel *Olof Lagercrantz* und ist von vorne bis hinten nichts weiter als Rufmord.

Im Vorwort schreibt Stolpe: »Es wird selten über die Zerstörer und Saboteure der Kultur geschrieben. Der zwar nicht bedeutendste, aber typischste seiner Art ist Olof Lagercrantz.«

Das ist so bezeichnend für Sven Stolpe. Er entlarvt Lagercrantz als Kulturzerstörer – und will ihm nicht einmal da den Platz an der Spitze zusprechen. Er sei nur einer von vielen.

Ich nehme eines von Lagercrantz' Büchern zur Hand und fange an zu blättern. Ich bin auf der Suche nach Spuren von Karin Stolpe. Ich will wissen, ob er etwas über sie geschrieben hat und über das, was in jenem Sommer 1932 passiert ist.

Ich finde sie sofort – und ich finde sie überall.

Mit steigender Spannung lese ich den ganzen Nachmittag und Abend und bin vollkommen ergriffen. Nachts überläuft mich ein Schauer nach dem anderen.

Sein Leben lang besingt er sie. Er beginnt 1933 damit und hört nie wieder auf. Dabei nennt er sie jedoch nicht ein Mal beim Namen. Stattdessen gibt er ihr die Gestalt einer Wildrose. In der Gedichtsammlung *Der Vogelruf im Nebel* von 1947 schreibt er:

Mit Anfang zwanzig lebte ich eine Weile in Uppland in einer Gegend, die um Mittsommer aus nichts weiter als Steinen und Wildrosen zu bestehen scheint.

Eines Tages wanderte ich über eine steinige Wiese und hielt neben einem schmächtigen Wildrosenstrauch. Eine der kleinsten Blüten erweckte meine Aufmerksamkeit. Ich hatte das Gefühl, sie sehe mich an, und im selben Augenblick wurde ich wie aus mir herausgerissen. So schön und sinnerfüllt, wie mir das Leben damals schien, habe ich es später nie wieder erlebt. Es gab keine Hindernisse mehr. Ich war eine Figur in einem großen, bedeutungsvollen Drama um Leben und Tod, und ich sah einen Sinn in allem. Von da an brannte die Wildrose wie ein Ewigkeitslicht in meinem Auge und verbreitete einen Duft, der erregend und lieblich zugleich war.

Es ist keine kurze Liebelei, die aufflammt und wieder erlischt. Sie brennt mit einer Ewigkeitsflamme. Als Olof Lagercrantz diesen Text schreibt, liegt das Verhältnis mit Karin bereits fünfzehn Jahre zurück. Zwanzig weitere Jahre verstreichen, bevor der dann Sechzigjährige ihre Begegnung in der Tageszeitung *Dagens Nyheter* »als das Kostbarste in meinem Leben« beschreibt.

Eine Wildrose einst in einer Sommerlandschaft in Uppland brannte sich in meine Netzhaut ein. Ich sah sie nicht nur mit meinem äußeren Auge, sondern als Teil einer höheren Wirklichkeit. Sie brannte im Inneren meines Auges wie ein kleines Ewigkeitslicht, und ich spürte, dass sie niemals erlöschen würde. Meine

Seele schien mir durch mein Auge hinauszuwandern, durch die Blüte hindurch in eine unbekannte Ewigkeit, die mir ein intensives Glücksgefühl und die Empfindung von Ruhe und Kraft schenkte. Einige Erlebnisse dieser Art waren das Kostbarste in meinem Leben. Neben ihnen wurde alles andere bedeutungslos.

In seinen Jugenderinnerungen *Mein erster Kreis* geht Lagercrantz über das Gleichnis mit der Wildrose hinaus. Hier wird er konkret und schreibt über die Frau, die er im Sommer 1932 kennengelernt hat. Es ist eine Liebe, die sein Leben grundlegend verändert.

Ich verliebte mich hoffnungslos. Mein Herz schlug in der Nähe der Geliebten so heftig, dass ich in Atemnot geriet und nicht mehr sprechen konnte. (…) Es gab nur einen Ausweg – den Tod. (…) Der Instinkt, zu leben und mich gegen Gefahren zu schützen, erstarb. (…) Doch die Krankheit war für mich nicht länger bedrohlich. Der Tod verwandelte sich in eine goldene Gabe, die ich der Geliebten überreichen konnte. Ihre Vollendung forderte das äußerste Opfer, und ich lebte in einer Art Gefühlsfest, bei dem ich das Bedürfnis hatte, alles, was ich besaß, in einem einzigen großen Feuerwerk zu vergeuden.

In *Trost für meine Geliebte* von 1971 kommt er erneut auf die Frau zurück, die er im Sommer 1932 kennengelernt hat. Hier finde ich ein paar Details, die zumindest auf Karin Stolpe hindeuten könnten.

> *Ich lernte eine Frau aus einer berühmten Familie kennen, älter als ich und verheiratet. Es ergab sich, dass wir uns eine Weile in denselben Kreisen bewegten. Ich verliebte mich heftig in sie. Ich wurde samt Wurzeln aus der Erde gerissen und kümmerte mich von Stund an um nichts anderes als um meine Liebe. Nachts schlafe ich nicht mehr. Wenn ich in ihrer Nähe bin, fließt mein Blut mit solcher Kraft zum Herzen, dass ich glaube, ohnmächtig werden zu müssen. Mein Studium, meine Familie, meine Zukunft werden mir vollkommen gleichgültig. Ich bin wie von Sinnen. Ich bete morgens und abends zu Gott, dass er sie mich lieben lässt.*

Das Ereignis, das Sven Stolpe so sehr erschüttert hat, scheint Olof Lagercrantz ebenfalls tief bewegt zu haben. Weder Sven noch Olof können vergessen, was in jenen Sommertagen 1932 geschehen ist.

Der eine geht in eine lebenslange Finsternis ein.

Der andere hört niemals auf zu träumen.

Aber was ist eigentlich passiert?

Olof streut in seinem gesamten Werk subtile Details. Ich lese manisch, und schließlich finde ich eine Spur, die mich vielleicht weiterführen wird. Ich finde den Schauplatz ihrer ersten Begegnung. Er schreibt, er habe die Frau in der Sigtuna-Stiftung kennengelernt.

Ich schaue auf die Uhr, es ist drei Uhr nachts. Ich beschließe, ein paar Stunden zu schlafen, bevor ich mich ins Auto setze.

KAPITEL 13

23. Juni 1932

Auf dem Parkplatz vor der Sigtuna-Stiftung herrscht helle Aufregung. Sven Stolpes Auto, ein wunderschöner Chrysler, wird von sieben oder acht Männern umringt. Es sieht komisch aus, wie sie um das Auto kreisen, auf irgendeinen Mechanismus deuten, sich über einen Hebel beugen, wieder aufrichten und weitergehen. Als wäre es ein Tanz oder ein Ritual, bei dem etwas angebetet wird. Um diese Männer herum bildet sich ein weiterer Kreis, von Frauen, die darüber diskutieren, was die Männer tun. Sie beugen sich zueinander und flüstern, um nicht zu stören. Vom Fenster im ersten Stock betrachtet, ist es eine lächerliche Szene, aber unwiderstehlich; Olof geht hinunter, um es sich genauer anzusehen. Es zeigt sich, dass der Chrysler nicht anspringt. Sven wollte ihn morgens starten, aber nichts rührte sich. Und das ist fatal, denn am Nachmittag hat er ein Treffen mit dem mächtigen Seniorchef von Bonniers, Karl Otto Bonnier, und ohne Auto weiß er nicht, wie er hinkommen soll.

»Nicht ausgeschlossen, dass es sich um Sabotage handelt«, hört Olof Sven Stolpe sagen.

»Wer sollte denn mutwillig Ihr Auto beschädigen?«, fragt jemand erstaunt.

»Ich habe Feinde genug.«

Aufgeregtes Murmeln bei Männern wie Frauen. Olof geht zum Auto. Es ist wirklich etwas Besonderes. Ein Chrysler Imperial 8 mit dem neuen achtzylindrigen Motor, der erst seit einem halben Jahr auf dem Markt ist. Eine der begehrtesten Limousinen der Welt. Er geht eine Runde um den Wagen herum, reiht sich ein in den Tanz, bleibt vor der geöffneten Motorhaube stehen und schaut hinein.

»Na, was sagt der Herr Lagercrantz nach Inspektion?«, ruft Sven. »Finden Sie den Fehler?«

»Ich glaube, ich kann ihn reparieren«, antwortet Olof.

Er ist technisch wahrscheinlich auch nicht versierter als andere, aber er hat den Vorteil, in einem Haus mit einem alten Auto aufgewachsen zu sein, bei dem ständig etwas nicht funktionierte. Dies ist seine Kindheit: verzweifelt auf einen Motor zu starren, um herauszufinden, was nicht stimmt. Er zieht sein Jackett aus und krempelt sich die Ärmel hoch. Sven ist mit Werkzeug behilflich, wenn Olof danach verlangt. Olof gefällt die Situation. Jetzt hat er das Kommando. Sie unterhalten sich leise und freundlich, während sie sich das Werkzeug hin- und herreichen.

Nach einer Weile gesellt sich Karin zu ihnen, er entdeckt sie sofort, als sie den Kiesweg zum Parkplatz herunterkommt. Sie trägt eine weite weiße Hose, ein weißes T-Shirt, eine offene Jacke, die ihr bis zur Taille reicht, und eine schwarze Sonnenbrille, die mit ihrem Haar verschmilzt. Sie tritt neben Sven, der den Arm um sie legt und sie an sich zieht. Sie schaut Olof zu, den Kopf an Svens Schulter gelehnt. Bald wird es ihr langweilig, und sie geht zu den anderen, aber obwohl sich inzwischen an die dreißig um das Auto versammelt haben, weiß Olof die ganze Zeit genau, wo sie sich befindet.

»Das ist ein sehr elegantes Auto«, sagt Olof.

»Danke! Ich bin so häufig zu Lesungen unterwegs, dass ich das Gefühl hatte, etwas Besseres verdient zu haben.«

»Das ist gut. Manchmal muss man sich etwas gönnen.«

»Es war aber auch ein sehr gutes Geschäft. Der Verkaufswert zweiter Hand ist enorm.«

»Ach ja.«

»Enorm!«

Und dann erzählt Sven Stolpe von einem Freund, der sich das gleiche Auto gekauft habe, fabrikneu. Für neuntausend Kronen. Drei Monate später habe er es für elf tausend weiterverkauft.

»Also ist es im Grunde genommen so, dass sich jedes Mal, wenn ich eine Spritztour damit mache, sein Wert ein klein wenig erhöht«, sagt Sven. »Das ist kein Auto, sondern eine Goldgrube.«

Das glaubt Olof nicht, es kann einfach nicht stimmen, aber er beschließt, nichts einzuwenden. In den vergangenen Tagen hier in der Stiftung hat er sich ein ziemlich genaues Bild davon verschafft, wie Sven Stolpe tickt. Dies ist nicht das erste Mal, dass er mit größter Selbstsicherheit völlig falsche Dinge behauptet. Es ist seine Art, Geschichten zu erzählen, er übertreibt auf so überzeugende Weise, dass er es am Ende selber glaubt. Man könnte sich darüber aufregen und ihn berichtigen wollen, aber Olof fängt an, Spaß daran zu haben. Es ist unterhaltsam.

Gestern Nachmittag haben sie Backgammon gespielt, und während des Spiels hat Stolpe die haarsträubendsten Geschichten erzählt. Zum Beispiel, wie er während eines Paris-Aufenthalts eines Abends reichlich getrunken hatte, aber noch mit dem Auto nach Hause fahren musste. Auf dem Champs-Èlysées habe ihn ein aufgebrachter Polizist angehalten. Stolpe meinte, er habe gar nicht gewusst, was er falsch gemacht haben sollte, er fuhr schließlich in gemächlichem Tempo, stellte keine Gefahr für andere dar. »Aber ...«, habe der Polizist da gesagt, »Sie fahren ja auf dem Bürgersteig!« Schallendes Gelächter im Salon, dann folgte die nächste Geschichte, und sämtliche Stiftungsgäste scharten sich um ihn, von ihm und seinen Geschichten angezogen wie Fliegen von einem Kuhauge. Er hat ein Erzähltalent, um das Olof ihn regelrecht beneidet. Stolpes Bücher sind ihm viel zu geprägt von seinem gestörten Charakter, seiner Meinung nach sind sie nichts als Gepolter, aber er hat wirklich Potenzial: Er könnte durch Parks fahren und Geschichten erzählen.

»Versuchen Sie jetzt noch mal, ihn zu starten«, sagt Olof und wischt sich mit dem Taschentuch das Motoröl von den Händen. Sven setzt sich auf den Fahrersitz, dreht den Schlüssel und drückt den Startknopf. Der Motor springt sofort an. Jubel brandet auf, das Drama ist zu Ende, und das Publikum zerstreut sich in alle Richtungen. Karin kommt lächelnd dazu und applaudiert. Sven schaltet den Motor wieder aus und zieht sein Portemonnaie aus der Innentasche.

»Was bin ich Ihnen schuldig?«

»Nichts«, erwidert Olof.

»Natürlich werde ich Sie bezahlen. Etwas anderes kommt gar nicht infrage.«

»Ich will aber keine Bezahlung.«

»Wenn Sie den Wagen nicht repariert hätten, hätte ich ihn in die Werkstatt bringen müssen. Es ist also nur recht und billig, wenn ich Sie dafür bezahle.«

Sven sieht sich die Geldscheine in seinem Portemonnaie an, raschelt und rechnet, während Olof stumm danebensteht. Es wäre falsch zu sagen, dass er sich gekränkt fühlt, aber die ganze Situation hat schon etwas Demütigendes. Er ist auf einen Mechaniker reduziert worden, und das passt ihm nicht.

»Ich weiß, wie Sie mich bezahlen können«, sagt er schließlich. »Lassen Sie mich eine Runde mit dem Auto drehen. Ich habe in Sigtuna etwas zu erledigen und würde es wahnsinnig gern einmal fahren.«

Sven lacht.

»Abgemacht«, sagt er und reicht ihm den Schlüssel.

»Dann kann ich doch gleich mitfahren«, sagt Karin. »Ich muss noch ein paar Kleider aus der Reinigung holen.«

»Ach so, ja, gut«, sagt Sven. Er wendet sich an Olof. »Sehen Sie zu, dass Sie mit dem Auto und meiner Frau in einer Stunde wieder hier sind, dann muss ich nach Stockholm.«

Sie fahren mit dem Chrysler los, er und sie, den steilen Hügel hinunter und lassen das stattliche Gebäude der Stiftung hinter sich. Die Strecke nach Sigtuna ist kurz, in wenigen Minuten schon ist man da. Als Olof gerade links Richtung Fußgängerzone einbiegen will, sagt Karin: »Können wir nicht noch eine kleine Spritztour machen und uns den Sommer anschauen?«

Er zögert, er hat keine Erlaubnis, irgendwo anders hinzufahren als nach Sigtuna und zurück. Als könnte sie seine Gedanken lesen, lacht sie und sagt: »Sven braucht ja nichts davon zu wissen.«

Sie brausen durch das schwedische Sommergrün die Uferpromenade hinunter, den Mälar-See zu ihrer Linken und die weißen Patrizierhäuser zu ihrer Rechten, sie biegen zum Kleinboothafen ab und fahren dann weiter in die endlosen Sommerwiesen. Haufenwolken am Himmel werfen ein Flickendeckenmuster aus Sonne und Schatten auf die gelben Rapsfelder, kleine Duftwolken nach Stall und Kuhmist wehen herein und verschwinden wieder. Sie fahren parallel zu einer Eisenbahnstrecke und ein Stück mit einem Zug um die Wette, dann biegen sie ab, auf eine der schmalen Landstraßen, die Schweden zusammenhalten, folgen den Stromleitungen, kommen an Weiden vorbei, auf denen die Pferde ihnen erstaunt hinterherblicken, sie passieren Höfe, rote Holzhäuser mit weißen Giebeln und sind so schnell, dass die Menschen, an denen sie vorbeikommen, zu verschwommenen Stillleben werden, kurzen Aufnahmen vom Leben und den Dingen, die in genau diesem Moment geschehen. Ein Mann schiebt eine Schubkarre zum Kompost und bleibt hinter ihnen zurück. Eine Frau blickt von ihrem Kreuzworträtsel auf der Veranda auf und ist verschwunden. Olof und Karin sitzen nebeneinander und erzählen sich von den Menschen, die sie sehen, umreißen deren Leben in kurzen Zügen. Einer hat gerade eine große Summe Geld gewonnen. Eine andere überlegt, sich zu trennen. Ein dritter ist schwer erkrankt. Es ist nur ein dummes Spiel, aber Karin sprudelt vor Erzähleifer über, und die Geschichten, die sie sich ausdenkt, sind teils komisch, teils albern und manchmal so groß, dass Olof darüber in Tränen ausbrechen könnte.

Und die Fahrt geht immer weiter, und die Straße liegt unter seinen Füßen, er fährt in einem geliehenen Auto und mit einer geliehenen Frau durch den Sommer, und in seiner plötzlichen Euphorie wendet er sich ihr zu und sagt etwas, das sich von der leichtfüßigen Ironie abhebt, die ihre bisherigen Gespräche geprägt hat:

»Ich könnte den ganzen Tag so mit Ihnen durch die Gegend fahren.«

Sie lacht.

»Wir könnten ja nach Dänemark«, sagt sie und mustert ihn lächelnd. »Wie erklären wir das Sven?«

Sie fahren zurück, er steuert den Wagen behutsam den kurvenreichen Hügel zur Sigtuna-Stiftung hinauf und weicht Zweigen aus, die sich über die Straße neigen. Er parkt vor der Stiftung und reicht Karin den Schlüssel.

»Danke für den Ausflug«, sagt sie.

»Grüßen Sie Sven, und sagen Sie ihm danke fürs Auto«, sagt er.

Er blickt ihr nach, als sie den Hang zum Eingangstor hinaufgeht.

»Karin«, ruft er, und sie dreht sich in der Türöffnung um.

»Wir haben gar nicht die Kleider aus der Reinigung geholt.«

»Die hatte doch geschlossen«, antwortet sie.

Sie sehen einander an. Er steckt die Hände in die Hosentaschen. Sie schirmt die Augen ab, um ihn in der Nachmittagssonne sehen zu können.

»War sie doch, oder?«

»Ja, stimmt«, antwortet er.

KAPITEL 14

Ich parke auf dem Parkplatz der Sigtuna-Stiftung. Ich steige aus und schaue zum Eingangstor hinauf. Das Gebäude erinnert an eine Burg, es sieht genauso aus, wie es in sowohl Sven Stolpes als auch Olof Lagercrantz' Büchern beschrieben wird. Hierher kamen in den Dreißiger- und Vierzigerjahren Autorinnen und Autoren, die an einem Buch schrieben, und wurden von der Stiftung mit kostenlosem Wohnraum, Essen und einer ruhigen Atmosphäre unterstützt, in der sie ungestört arbeiten konnten. Inzwischen ist das Gebäude ein Konferenzhotel, aber die Möglichkeit, ein Schriftstellerstipendium zu beantragen, besteht weiterhin, wie ich einem Schild im Eingangsbereich entnehmen kann. Ich trete ein. Eine Empfangsdame mit Headset sitzt vor ihrem Computer.

»Hallo, ich habe vor ein paar Stunden angerufen, haben wir miteinander gesprochen?«

»Kann sein«, sagt die Frau.

»Ja, also, ich forsche, wie gesagt, über den Schriftsteller Sven Stolpe und hatte gefragt, ob mich jemand herumführen könnte.«

»Ja, richtig«, sagt die Frau. »Ich erinnere mich.« Sie tippt etwas auf dem Computer, wartet, schaut mit gerunzelter Stirn auf den Bildschirm. Dann klappern ihre Finger erneut über die Tastatur. »Warten Sie einen Moment, er kommt gleich runter.«

Ich beschließe schon mal einen Blick ins Gebäude zu werfen. Die Termine für den heutigen Tag stehen auf einer Anschlagstafel – die Schwedische Psychiatrievereinigung wird heute tagen und Kronfågel, der größte schwedische Geflügelproduzent. Eine merkwürdige Mischung. Ich betrete einen Korridor, ein Steinfußboden, Holz an den Wänden. Überall gerahmte Schwarz-Weiß-Fotografien von Schriftstellern und Schriftstellerinnen, die in der Sigtuna-Stiftung zu Gast waren. Ich erkenne Karin Boye und Dag Hammarskjöld.

Eine Tür wird geöffnet, und eine der Konferenzgruppen strömt ins Freie. Ein paar Frauen gehen rauchen, die meisten aber bewegen sich Richtung Speisesaal. Kurz darauf kommt die nächste Gruppe aus einem anderen Raum. Kronfågel geht als Erstes zu Tisch, der Geschäftsführer hält eine kurze Rede. Er bedankt sich für den ergiebigen Vormittag und hofft, dass alle das Essen genießen mögen. »Es gibt Hähnchen«, ruft er. Ein gelungener Scherz, Gelächter rollt durch den Raum.

Ich gehe weiter, an einer Kapelle vorbei, als ich hinter mir ein »Hallo!« höre und von dem Mann eingeholt werde, der mich herumführen soll. Er stellt sich kurz vor, dann läuft er los, als hätte er es eilig, und ich laufe ihm hinterher. Wir durchqueren den Innenhof, einen der Schönsten, die ich je gesehen habe, mit Säulengängen, die an ein Kloster erinnern.

»Wie schön es hier ist.«

»Nicht wahr? Wussten Sie, dass Ihr Großvater hier geheiratet hat?«, fragt er.

»Nein, das wusste ich nicht.«

»Doch, im Juli 1931 war das. Hier sind sich Ihre Großeltern übrigens auch zum ersten Mal begegnet. Das steht in einem Dokument der Stiftung, Stolpe selbst hat es berichtet. Er trat in den Innenhof und hörte eine Frau irgendwo im Gebäude singen. Er folgte dem Klang, ging die Treppen hinauf, so wie wir jetzt, bis er – hier ankam.«

Der Mann zeigt auf eine Tür mit dem Schild »Turmzimmer«. Er schließt die Tür auf und wirft mir einen Blick zu, als wäre er im Begriff, ein großes Geheimnis zu enthüllen. Er öffnet die Tür. Es ist ein schmucker kleiner Raum. Zwei einfache Holztische und ein paar Stühle, Bücher vom Boden bis zur Decke. Zwei Fenster, von denen man aufs Wasser schauen kann. Wir sind ganz oben im Gebäude, mit einem ungehinderten Blick auf den Mälar-See.

»Sven Stolpe trat ein, und da, genau auf diesem Stuhl, saß sie und sang. Sie fingen an, sich miteinander zu unterhalten, und fanden kein Ende, der Nachmittag ging in den Abend über, und sie saßen hier und lernten sich kennen. Wenn ich es richtig verstanden habe, war es Liebe auf den ersten Blick.«

»Wie schön«, sage ich.

»Na, und ob! Anschließend sind sie noch viele Male gemeinsam hergekommen. Man kann durchaus sagen, dass die Sigtuna-Stiftung eine Art zweites Zuhause für sie wurde. Und sie waren immer willkommen. Das Ehepaar Stolpe war hier sehr beliebt, kann ich Ihnen versichern.«

Ich gehe zu dem kleinen Tisch hinüber und setze mich auf den Stuhl.

»Hier saßen die Autoren oft, um zu schreiben«, sagt der Mann und macht eine ausladende Geste zum Wasser hin. »Sie können sich ja denken, dass diese Aussicht sie inspiriert hat.«

»Ja, das kann ich mir vorstellen«, sage ich. »Wissen Sie, ob Olof Lagercrantz auch mal hier war?«

»Olof Lagercrantz?« Der Mann zögert. »Ja, ich glaube schon. Ich meine, ich hätte ihn auf ein paar Fotos im alten Speisesaal unten gesehen.«

»Wissen Sie, wann genau?«

»Nein, nicht aus dem Kopf. Ich habe damals ja nicht gearbeitet, wenn man das so sagen kann.« Er bricht in hysterisches Gelächter aus. Dann wird er still. Er sieht mich ein wenig prüfend an.

»Ich dachte, Sie forschen über Sven Stolpe?«

»Ja, das stimmt. Aber ich interessiere mich auch für

Olof Lagercrantz. Ich habe gehört, er ist Anfang der Dreißigerjahre mal hier gewesen. Kann das sein?«

»Wir haben ein paar Dinge aus dem Archiv geholt. Unter anderem die Gästebücher. Vielleicht finden Sie da was.«

Wir gehen zurück, die Treppe hinunter, über den Hof und in die Bibliothek. Die Regale biegen sich unter den Büchern, und wo kein Platz mehr war, hat man sie einfach auf freien Flächen gestapelt. Es sieht aus, als hätte es ab 1960 keine Regale mehr gegeben, während weiterhin Bücher hinzukamen. Mir haben sie hier einen Arbeitsplatz eingerichtet, einen einzelnen Tisch mitten in dem großen Raum. In einem Umschlag finden sich alle Fotos des Ehepaars Stolpe, die der Archivar auftreiben konnte. Und hier liegt auch eine Mappe mit dem Titel »Sven Stolpe«, darin Zeitungsausschnitte. Und ein Stapel alter Gästebücher. »Arbeiten Sie nur in Ruhe«, sagt der Mann zu mir und verschwindet.

Ich öffne den Umschlag mit den Fotos. Soweit ich weiß, gibt es kein einziges Bild von Karin Stolpe als junger Frau. Es ist, als wären sämtliche Fotos von ihr vernichtet worden. Wenn ich sie über Google-Bild suche, finde ich lediglich zwei Fotos. Eines zeigt sie irgendwann in den Neunzigerjahren. Eine Profilaufnahme, auf der sie eine Schluppenbluse trägt und lächelt. Es ist ein schönes Bild, ich mag es, weil sie so froh aussieht. Das andere Foto ist von 1959. Sven und Karin stehen vor ihrem Haus, zusammen mit meiner Mutter, die da noch ein kleines Mädchen ist.

In dem Umschlag vor mir findet sich eine ganze Reihe Fotos von Sven Stolpe. Und ganz zuunterst: sie. Ich erkenne sie sofort, die dunklen Augen, den festen Blick. Sie trägt eine Perlenkette, die ihr in vier Reihen um den Hals liegt. Auf der Rückseite des Fotos steht etwas mit Bleistift geschrieben: »Frau Karin Stolpe, frühe Dreißigerjahre«. Ich schaue das Foto an und erinnere mich, wie Olof Lagercrantz sie beschrieben hat, als er das erste Mal von der Begegnung mit der Frau erzählt, in die er sich Anfang der Dreißigerjahre verliebt hat:

»Sie trug einen schwarzen Pagenschnitt, hatte reine Züge und sah traurig, aber auch ein wenig spöttisch aus.«

Ich sehe Karin Stolpes schwarzes Haar.

Ihre Pagenfrisur.

Das leicht Melancholische in ihrem Blick.

Auf dem Tisch liegen die ursprünglichen Gästebücher der Sigtuna-Stiftung. Etwa zehn uralte, in Leder gebundene Bände, in denen sorgfältig Buch über die Gäste geführt wurde, ihre An- und Abreise. Der erste Eintrag ist von 1917. Jeder Gast musste sich mit Namen und Unterschrift eintragen, und dann ergänzte jemand von der Stiftung An- und Abreisedatum. Ich blättere vor bis zum Jahr 1932. Das poröse Papier zerfällt beinahe zwischen meinen Fingern. Die Seiten sind vergilbt, manche von ihnen von Feuchtigkeit gewellt. Mein Herz beginnt zu klopfen, als ich zum Sommer 1932 vordringe, und da steht es: Sven und Karin Stolpe treffen am 15. Juni in der Stiftung ein. Zwei Tage später, am 17. Juni um 11:15 Uhr, checkt ein weiterer Gast ein. Das Papier ist alt, und die Tinte ist teilweise verlaufen, aber es besteht kein Zweifel, da steht: Olof Lagercrantz.

Die Geschichte beginnt hier, in der Sigtuna-Stiftung, wenige Tage vor Mittsommer 1932. Der Zufall wollte es, dass diese drei Menschen für ein paar Sommertage zur selben Zeit unter demselben Dach weilten. Ich sehe mir die drei Einträge an, die untereinanderstehen.

Sven Stolpe.

Karin Stolpe.

Olof Lagercrantz.

Hier endet allerdings auch schon der Informationsfluss. Drei Einträge in einem Gästebuch sind alles, was ich habe. Was passiert ist, weiß ich nicht. Ich kenne nur die Folgen, weiß, dass das, was hier während dieser zehn Tage geschah, alles veränderte. Für keinen der drei wurde das Leben wieder dasselbe. All die Jahre des Hasses, der Angst und der Sehnsucht. Eine Frau zwischen zwei Männern, die sich bis aufs Blut um sie bekriegten und Zeitungsseiten damit füllten, und die ganze Zeit die Deutungshoheit darüber behalten wollten, wer Karin Stolpe eigentlich war, wie sie war und was sie getan hatte. Der eine verglich sie sein Leben lang mit einer blühenden Wildrose, schön wie keine andere, »mit den Vorzügen, die die Götter ihr geschenkt haben«. Der andere beschrieb sie wieder und wieder als leichtsinnig, unanständig, treulos und verdorben.

Hure und Madonna, jahraus, jahrein, in Zeitungen, Büchern, Essays.

Ich betrachte ihr Foto. Ihre traurigen schwarzen Augen. Versuche mir vorzustellen, wie es war, zwischen diesen Männern zu leben. Sie selbst äußert sich nirgends dazu. Die Herren poltern und toben, lassen sich darüber aus, erzählen ihre Geschichte, Karin Stolpe selbst aber schweigt all die Jahrzehnte hindurch.

KAPITEL 15

24. Juni 1932

»Guten Morgen«, sagt Karin, als sie beim Hinausgehen aus dem Frühstückssaal einer Angestellten begegnet. Sie trägt in einer Hand ihre Bücher, in der anderen eine Tasse Kaffee, es geht nur langsam durch die morgendlich verschlafene Stiftung. Eine freundliche Sommerbrise weht durch das geöffnete Fenster im Korridor, sie schaut hinaus: Es wird ein weiterer schöner Sommertag werden. Dann betritt sie die Bibliothek. Oft sitzen hier überall Studenten und Autoren und arbeiten, heute aber ist sie allein in dem großen Raum. Das regt ihre Fantasie an. In der Mitte steht ein großer Schreibtisch. Sie lässt sich daran nieder und stellt sich vor, die Bibliothek wäre ihr Arbeitszimmer. Vor sich hat sie all ihre Bücher, vom Boden bis zur Decke, sämtliche Titel hat sie selbst verfasst. Sie ist nicht Karin Stolpe, die frischgebackene Übersetzerin, sie ist Karin Stolpe, die weltberühmte Autorin und Akademikerin, die auf ihre gesammelten Werke blickt. Sie holt sich ein französisches Wörterbuch aus dem Regal sowie ein einsprachiges Französisch-

Lexikon, routiniert, wie wenn man Äpfel von einem Baum pflückt.

Sie legt ihr Schreibheft auf den Tisch, öffnet das Lederetui und zieht den Füllfederhalter heraus. Es ist jedes Mal ein feierlicher Moment für sie, wenn sie den glänzend schwarzen Stift kurz in der Hand wiegt und ihn dann auf das weiße Papier setzt. Ein Füller der Marke Pelikan, eine der besten Marken. Sven hat ihn ihr an dem Tag geschenkt, als sie ihren ersten Übersetzungsauftrag bekam.

Immer derselbe Widerstand, bevor sie anfängt zu arbeiten, denn sie weiß, dass sie da beginnen muss, wo sie aufgehört hat, oft mit einem Problem, das so groß war, dass sie aufgegeben hat. Sie übersetzt ein Buch von Roger Vercel, das auf Schwedisch *Verbotene Küste* heißen soll und die Geschichte eines Kapitäns auf einem Schiff nach Grönland erzählt. Es ist schwer zu übersetzen, denn immer wieder mischen sich die Sprachen, es gibt Wörter auf Spanisch, Portugiesisch, Persisch.

Sie hört ein leises Knacken und blickt auf. Olof Lagercrantz steht in der Tür, ein Lächeln auf den Lippen.

»Ich störe Sie doch nicht?«, fragt er. »Ich will nur versuchen, ein Buch zu finden, das ich neulich hier gesehen habe.«

»Überhaupt nicht«, antwortet sie.

Er tritt an ein Regal gleich neben der Tür und lässt den Blick über die Buchrücken wandern.

»Wie läuft es mit dem Übersetzen?«, fragt er.

»Gar nicht gut. Ich stecke fest«, sagt sie und reckt die Hände in die Luft, richtet sich im Sonnenlicht kerzengerade auf.

»Vielleicht kann ich Ihnen ja behilflich sein?«

Karin beugt sich zu ihm herüber und flüstert lächelnd:

»Was halten Sie davon, wenn wir uns duzen? Wäre das nicht irgendwie angenehmer?«

»Doch«, sagt Olof und lacht. »Kann ich – dir behilflich sein?«

»Gerne. Aber ich wusste gar nicht, dass du Französisch kannst.«

»Ich auch nicht.«

»Ich versuche, eine schwedische Entsprechung für den französischen Ausdruck ›Chaque fou a son truc‹ zu finden.«

»Chaque fou a son truc?«

»Ja. Auf Schwedisch gibt es das nicht, aber es bedeutet ungefähr: Jedem Tierchen sein Pläsierchen. Im Buch sagt der Protagonist das über seine Mutter, die darauf besteht, Vollmilch zu trinken. Er schüttelt den Kopf und sagt: Jedem Tierchen sein Pläsierchen.«

»Das gefällt mir«, sagt Olof. »Es klingt irgendwie versöhnlich.«

»Nicht wahr! Es ist ein sehr schöner Ausdruck. Es bedeutet, dass man das Recht hat, ein bisschen so zu sein, wie man möchte. Man könnte sogar eine Lebensphilosophie daraus machen. Wir haben schließlich alle unsere Marotten – und so soll es ja auch sein.«

»Was ist Svens Marotte?«

»Wie bitte?«

»Wenn wir alle unsere Eigenarten haben. Was ist Svens Marotte?«

Sie muss lachen.

»Er schaltet den Motor aus, wenn es bergab geht.«

»Warum das?«, fragt Olof verblüfft.

»Um Benzin zu sparen.«

Olof lacht.

»Chaque fou a son truc«, sagt Karin.

»Und was ist meine?«, fragte Olof.

Sie überlegt.

»Du kommentierst laut, was du tust.«

»Was? Nein, tue ich nicht.«

»Gestern bin ich im Flur an dir vorbeigegangen, als du mit dem Schlüssel hantiert hast. Nachdem du abgeschlossen hattest, hast du ›abgeschlossen‹ gesagt.«

Er lächelt. Dann schaut er wieder zum Regal, sucht mit dem Finger nach dem richtigen Titel. Sie beugt sich über ihr Buch, nimmt den Füllfederhalter zur Hand. Sie schaut auf die leere Seite, ist sich ihrer Bewegungen plötzlich sehr bewusst. Sie schreibt etwas auf den oberen Seitenrand, nur um etwas zu schreiben, ohne nachzudenken. Sie schreibt: Was passiert. Dann streicht sie es sofort wieder durch.

»Welches ist das schönste Wort, das du bisher übersetzt hast?«, fragt er.

»›Ich liebe dich.‹ Es spielt keine Rolle, in welcher

Sprache man es sagt, es klingt immer schön. Wusstest du, dass es auf Arabisch ein Wort für Liebe gibt, das nicht nur ›Ich liebe dich‹ bedeutet, sondern ›Ich liebe dich, deine Seele und alles, was deine Seele berührt‹?«

»Tatsächlich«, sagte er, »so ein Wort gibt es?«

»Ja«, sagt sie.

Sein Gesicht leuchtet auf, und sein Blick bleibt wie in weiter Ferne hängen. Sie merkt, dass er gerührt ist.

»Das ist so schön«, sagt er, und seine Stimme trägt kaum.

Sie sieht ihn an, wie er versucht, sich unter Kontrolle zu bringen. Noch nie hat sie einen Menschen getroffen, der sich so leicht von seinen Gefühlen überwältigen lässt. Darin ist er Svens absoluter Gegensatz. Bei Sven gibt es keine Leidenschaft, er ist immer so nüchtern. Vor ein paar Wochen erst hat sie das gedacht, als sie und Sven von einem Restaurantbesuch in ihre Stockholmer Wohnung zurückkehrten. Wie Sven bereits auf der Straße die Schlüssel herauszog, auf der Treppe den richtigen fand und ihn festhielt, bereit, ihn sofort ins Schloss zu stecken, wenn er oben war. So durch und durch rational. Sven richtet den Blick nach innen oder nach unten auf seine Schreibmaschine, er beschreibt die Welt in festen Rahmen. Und auf der anderen Seite Olof, der den Blick nach außen richtet, als wäre er permanent auf der Suche nach etwas. Ein Träumer, irgendwie romantisch in seiner Art, die Welt zu betrachten. Deshalb ist er so gerührt über das arabische Wort für Liebe. Er kann nichts dafür, es entzieht sich seiner Kontrolle. Er hat einen scharfen Intellekt, der aber jedes Mal außer Kraft gesetzt wird, wenn ihn ein starkes Gefühl übermannt. Jedes Mal, wenn Karin das sieht, verschlägt es ihr den Atem. Es ist das Schönste, was sie je erlebt hat.

Olof reißt sich zusammen, geht ein paar Schritte nach links zu einem anderen Regal und nimmt die Suche nach seinem Buch wieder auf.

»Und du?«, fragt er dann. »Was ist deine Marotte?«

»Meine Marotte …«

Sie blickt ihn an, betrachtet seine sanften Augen und denkt: Jedes Mal, wenn ich dich sehe, stelle ich mir vor, wie es wäre, dich zu küssen.

»Ich weiß nicht recht«, sagt sie. »Ich überlege mal.«

»Ich werde darauf zurückkommen«, sagt er lächelnd und geht ohne das Buch, das er angeblich gesucht hat.

KAPITEL 16

David Lagercrantz und ich haben uns im Restaurant Riche verabredet. Ich bin frühzeitig da, will ihn nicht warten lassen. Ich habe mir ein Bier bestellt und bereits ausgetrunken und versuche jetzt nervös, den Blick des Kellners auf mich zu lenken, um mir ein weiteres zu bestellen.

Diese Verabredung markiert den Beginn einer neuen Phase in meiner Arbeit. Ich habe angefangen, Menschen zu kontaktieren, die eventuell mehr darüber wissen, was im Sommer 1932 geschehen ist. Ich habe telefoniert und einen Brief an alle noch lebenden Geschwister meiner Mutter geschrieben. Ich bin mit verschiedenen Literaturwissenschaftlern im Gespräch, die sich mit Sven Stolpes Leben beschäftigt haben. Und jetzt werde ich Olof Lagercrantz' Sohn David treffen.

Ich bin etwas beunruhigt über mich selbst, mein fast manisches Verhalten, vielleicht ist das alles, meine Besessenheit, nur eine Flucht vor den Dingen, die ich eigentlich angehen müsste; was bei mir zu Hause, im Verhältnis zu meiner Frau und meinen Kindern schiefläuft. Aber ich spüre es so stark, dass diese Geschichte wichtig ist. Sie hat mit mir zu tun, und sie kann mir helfen, mich besser zu verstehen.

Ich bestelle mein Bier, und gerade, als es mir gebracht wird, höre ich seine berühmte Stimme vom Eingang her.

»Hallo, Bruder!«, ruft er.

Bruder.

Es ist albern, aber ich freue mich so, dass er mich so nennt.

Nachdem David Lagercrantz sein Buch über Zlatan Ibrahimović veröffentlicht und sein erstes Honorar vom Verlag bekommen hatte, lud er zu einer Party ein. Auf die Einladung schrieb er: »Ich bin auf einen grünen Zweig gekommen, das möchte ich mit meinen Freundinnen und Freunden feiern.« Ich fand das großartig. Grüner Zweig. Seit ich das gehört habe, mag ich David Lagercrantz. Wenn ich in irgendeiner Sendung ein Interview mit ihm sehe, bleibe ich immer vor dem Fernseher hängen. Er ist so lebendig und leuchtet in allen Farben, gleichzeitig wirkt er sensibel, er ist gut angezogen, lächelt ständig, obwohl ein Grundzug von Melancholie in seinem Gesicht liegt. Er steht mitten im Erfolg, und wenn ich ihm zuhöre, überkommt mich eine Art Erleichterung, dass alles gut gegangen ist – als wäre dieser Erfolg die Voraussetzung für sein Wohlbefinden, als wüsste man nicht, was ohne diesen aus ihm geworden wäre.

Ich habe mehrfach versucht, mich ihm zu nähern. Winzige Apropos im Lauf der Jahre, ich erwähne ihn stets achtungsvoll in meinem Podcast, fechte kleine Kämpfe für ihn aus, wie etwa, als ein Journalist ihm in einem Feuilleton vorgeworfen hat, er habe seine Zlatan-Zitate erfunden. Plötzlich war ich zu Gast in einer Talkshow und hielt eine Brandrede – für David Lagercrantz.

Unser erster Kontakt war via SMS. Vor ein paar Jahren habe ich mir seine Sommer-Sendung im Radio angehört und schrieb ihm begeistert, und er antwortete höflich. Ich schickte eine weitere SMS, die er nicht beantwortete. Ich habe ihn bisher nur zweimal getroffen. Das erste Mal auf der Buchmesse in Göteborg 2016. Er war dabei, nach einem Interview die Bühne zu verlassen, und ich sollte dieselbe Bühne betreten. Er sah mich und lachte. Packte mich an den Schultern, als wollte er mich beiseiteschieben, irgendwo anders hinstellen. »Du bist gut«, sagte er, lächelte mich an und verschwand in der Menge. Ich erinnere mich, dass ich für den Moment ganz erfüllt, später aber eher ein bisschen beleidigt war, denn ich wollte mich ihm ebenbürtig fühlen, nicht kurz rezensiert und dann abgefertigt werden.

Zur Buchmesse im darauffolgenden Jahr schickte ich ihm eine Nachricht und fragte, ob wir uns am Abend treffen wollten. Er antwortete, er wäre gern auf ein Glas mit mir gegangen, sei aber gerade aus den USA zurück, wo er sein zweites Millennium-Buch veröffentlicht habe und fühle sich noch ein bisschen schwindlig und vom

Jetlag geplagt, er würde wahrscheinlich gleich ins Hotel gehen und ins Bett fallen, aber gern ein andermal. Am selben Abend war ich im Park Hotel und sah ihn an der Bar. Um ihn herum eine Entourage von aufgedrehten Verlagsmenschen, die in regelmäßigen Abständen sein Glas füllten. Er entdeckte mich, hob sein Bier mit einer charmanten Geste, ein Gruß, wie man ihn früher machte, aber ich tat, als hätte ich es nicht bemerkt.

Ich war ein wenig gekränkt.

Ich weiß nicht, warum ich so stark auf ihn reagiere. Vielleicht liegt es daran, dass ich mich ihm nahe fühle, eine unerwiderte Verwandtschaft: Wir, die wir als Kinder nicht gesehen wurden, teilen etwas miteinander. Das Desinteresse meiner Mutter an mir, die Ansprüche seines Vaters an ihn und sein gleichzeitig abwesender Blick. Die Geschichte, wie David seinen Vater im Krankenhaus besuchte, nachdem dieser einen Schlaganfall erlitten hatte. Nach einer Weile höflicher Konversation sagte Olof: »Nichts von dem, was du tust, tust du ernsthaft.« Als Zusammenfassung der Karriere seines Sohns. Dasselbe ist mir widerfahren, wenn auch mit anderen Worten und in anderen Zusammenhängen.

David erscheint in einem hellblauen Anzug. Er setzt sich mir gegenüber, und ich nehme die Speisekarte zur Hand.

»Wollen wir was essen, ich hab ein bisschen Appetit«, sage ich.

»Nein, danke«, sagt er, »vielleicht später.«

Rasch lege ich die Karte wieder beiseite. Er verfügt über denselben Radar für Stimmungsänderungen wie ich und merkt, dass er die Bedingungen für das Essen stellt, auch für mich.

»Aber bestell ruhig was, wenn du willst«, sagt er.

»Nein, nein, ich kann auch noch ein bisschen warten.«

Wir ordern beide ein Bier und unterhalten uns über dies und das. Ich bin derjenige, der für das Gespräch verantwortlich ist und der bald eine Richtung vorgeben muss. Er weiß nicht genau, warum ich ihn treffen wollte, ich habe nur gesagt, dass ich mich mit meiner Familiengeschichte auseinandersetze und auf Dinge gestoßen bin, die mit seiner Familie zu tun haben. Aber ich weiß nicht, was er weiß oder nicht weiß, und ob es möglicherweise ein heikles Thema ist.

»Ich habe ein Buch über meine Mutter geschrieben«, sage ich.

»Ja, stimmt.«

»Hast du es gelesen?«

»Nein, leider nicht.«

Wieder verletzt mich das ein wenig.

Ich erzähle ihm von einer Entdeckung, die ich beim Schreiben dieses Buches gemacht hatte. Sven Stolpe nahm 1967 eine Stelle als Lehrer an der Folkhögskola Mjölby an, derselben Schule, die meine Mutter besuchte. Mama war sechzehn und gerade mit Bosse zusammengekommen, einem Bauernjungen, der drei Höfe von den Stolpes entfernt wohnte. Das passte Sven nicht. Er legte ihrer Beziehung von Anfang an Steine in den Weg, wann immer er konnte. Wenn der Junge zu Besuch kam, wollte Sven nicht mit ihm sprechen. Er verlangte von meiner Mutter, dass sie die Beziehung beendete, aber sie weigerte sich. Eines Morgens, als meine Mutter die Schule betrat, entdeckte sie einen handgeschriebenen Zettel am Schwarzen Brett im Eingangsbereich. Darauf stand: »Lisette Stolpe ist eine Hure.« Meine Mutter erkannte die Schrift sofort, es war die ihres Vaters. Sie riss den Zettel herunter. Am nächsten Tag hatte Sven einen weiteren mit derselben Botschaft geschrieben. Als dort zum dritten Mal so ein Zettel hing, beschloss meine Mutter, die Schule zu wechseln. Damals, als ich das Buch schrieb, dachte ich, der Hass auf Bosse hätte mit dem Standesunterschied zu tun gehabt. Die Stolpes waren eine bürgerliche Familie, und Bosses Eltern waren Bauern. Dass Bosse in Sven Stolpes Augen einfach nicht fein genug für seine Tochter war und dass diese Zettel am Schwarzen Brett seine kranke Art waren, ihr das klarzumachen. Aber dann begann ich, mich in Sven Stolpes Leben zu vertiefen, und kam zu einem anderen Schluss. Ich glaube nicht, dass Sven Stolpe Bosse hasste, weil er arm war – ich glaube, er hasste seine Tochter, weil sie unrein war. Dass sie außerhalb der Ehe mit jemandem intim war, machte sie in seinen Augen zu einer liederlichen Person. Lisette Stolpe verriet seinen Anspruch an die unberührte Frau. Zwar war sie seine

Tochter, aber sein Weltbild war klar und eindeutig, und deshalb konnte er sie nicht anders charakterisieren als als Hure.

»Jetzt, da ich mehr über die Geschichte meines Großvaters weiß«, sage ich zu David, »ahne ich auch den Zeitpunkt, an dem sein Anspruch an die Frau sich so sehr zugespitzt hat. Es hat mit einem einzelnen Ereignis zu tun, einem Trauma. In seinen Memoiren schreibt er darüber: ›Im Sommer 1932 wurde ich Opfer eines sexuellen Attentats.‹«

»So hat er das genannt? ›Sexuelles Attentat‹?«

»Ja.«

David lacht und schüttelt den Kopf.

»Und jetzt ist mir klar geworden, dass dein Vater Olof 1932 ein Verhältnis mit Karin angefangen hat.«

»Ja.«

»Wusstest du das?«

»Ja. In meiner Familie haben es alle gewusst. Und ständig darüber geredet. Ich glaube, es hat uns alle geprägt.«

Ein Schauer überläuft mich. Unsere jeweiligen Familien sind offenbar ganz unterschiedlich mit dem Trauma umgegangen. Was in meiner Familie mit einem Bann belegt wurde, ist in seiner Familie offen diskutiert worden. Bei uns eine Trauer, die niemand zugeben wollte – bei ihnen eine offene Wunde.

»Aber das ist sehr heikel«, sagt er. »Und emotional sehr aufgeladen.«

»Warum denn heikel? Olof ist doch gar nicht fremdgegangen, als er eine Beziehung mit Karin einging.«

»Nein. Aber es war, als wäre das, was zwischen meinem Vater und Karin war, nie aus der Familienerinnerung verschwunden. Ich weiß nicht, warum.«

»Ich wollte dich treffen, weil ich irgendwie feststecke. Ich habe versucht herauszufinden, was in jenem Sommer genau passiert ist, aber ich stoße auf Granit. Ich weiß, dass sie sich im Juni 1932 in der Sigtuna-Stiftung kennengelernt haben. Ich weiß, dass Stolpe ihnen irgendwie auf die Schliche gekommen ist, weil diese Entdeckung sein Leben zerstört hat. Aber weiter komme ich nicht. Ich finde den Kern der Geschichte nicht.«

»Tut mir leid, aber ich weiß leider auch nicht mehr.«

»Hat dein Vater während jener Zeit Tagebuch geschrieben? Weißt du, ob es andere Dokumente gibt, die erhalten geblieben sind?«

»Mein Vater hat jedes Stück Papier aufgehoben. Ich schau mal nach und bespreche es dann mit meinen Geschwistern.«

David Lagercrantz winkt einem Kellner. Er hat plötzlich Lust auf Tatarbeefsteak. Sofort greife ich nach der Speisekarte, jetzt darf auch ich etwas essen.

Ein paar Wochen später trifft ein dickes Paket ein. Absender ist Davids Bruder, Richard Lagercrantz. In dem Umschlag liegen dreiundzwanzig Briefe zwischen Karin

Stolpe und Olof Lagercrantz aus dem Sommer 1932. Sie sind mit einem rosa Seidenband umwickelt. Ich schaue die Briefe lange an, befühle das Band, und ich stürze hinab in eine Erinnerung aus der Zeit, als ich zwölf war. Etwas, das bei meinen Großeltern zu Hause geschah, als ich sie an einem Winterwochenende 1988 besuchte. Es war einer der dramatischsten Abende meines Lebens. In der Hand halte ich plötzlich die Erklärung für dieses erschütternde Erlebnis, die Antwort auf ein Rätsel, das mich seitdem verfolgt hat.

In dem Paket findet sich auch eine Kopie von Olof Lagercrantz' Tagebuch von 1932. Es sind mehrere hundert Seiten, geschrieben von einem einundzwanzigjährigen jungen Mann, dessen Leben auf den Kopf gestellt wird, als er der Liebe seines Lebens begegnet.

Ich warte, bis die Kinder schlafen, und lese dann die ganze Nacht und bin erst fertig, als die Sonne über den Dächern der Grev Turegatan aufgeht.

Jetzt wird die Geschichte für mich greifbar.

Während einiger Tage im heißen Frühsommer 1932 entsteht eine verbotene Liebe. Die Einsätze sind hoch, es ist ein Spiel, bei dem es um Leben und Tod geht. Es beginnt mit einem tastenden Gespräch eines späten Abends in der Sigtuna-Stiftung und endet zwei Wochen später mit einem Mordversuch.

Was tut es im Übrigen zur Sache, was mit uns hier unten geschieht. In hundert Jahren ist von unseren Kämpfen nichts mehr übrig. Vielleicht forscht ein künftiger Literaturhistoriker einmal über Sven Stolpes Schriften und findet die Lösung zu einer Tragödie.

Aus Olof Lagercrantz' Tagebuch

KAPITEL 17

24. Juni 1932

»Rummy«, sagt Karin und legt ihre Karten ab.

Sven schüttelt den Kopf, wirft die Karten, die er noch auf der Hand hat, auf den Tisch und lehnt sich auf dem Sessel zurück. Sie spielen seit Stunden, und Karin weiß nicht, wohin mit ihren Augen. Olof sitzt ihr gegenüber, sie sieht seine Umrisse, Farben und Bewegungen. Wenn er sich über den Tisch beugt, um eine Karte abzulegen, nimmt sie den Duft seines Rasierwassers wahr. Er ist da, aber unerreichbar – sie würde gern den Blick heben und ihn ungestört betrachten. Ein paar Sekunden lang. Doch das geht nur, wenn er sie anspricht.

»Geben Sie mir mal noch ein bisschen von dem da«, flüstert Sven Olof zu und deutet auf die Flasche am Boden. Jemand hat einen Fernet-Branca eingeschmuggelt, und dieser Verstoß gegen das Alkoholverbot in der Stiftung hat zu einer ausgelassenen Stimmung geführt. Olof füllt Svens kleinen Becher nach und versteckt die Flasche rasch wieder hinter einem Möbel. Sven blickt sich listig um und hebt das Glas.

»Prösterchen«, flüstert er und trinkt.

Sie haben den ganzen Abend im Salon gespielt. Zu Beginn waren sie zu zehnt, aber einer nach dem anderen hat aufgegeben, und seit einer Weile sind sie nur noch zu dritt: Karin, Sven und Olof. Karin ist angespannt, als wäre es mit einer Gefahr verbunden, wenn sie drei etwas zusammen machten. Das instinktive Gefühl, sie müsste diese beiden Männer auseinanderhalten. Der ganze Tag ist schon so seltsam gewesen. Sie und Olof sind sich öfter begegnet als sonst – oder fällt es ihnen nur plötzlich sofort auf, wenn sie sich im selben Raum befinden? Ihre Blicke treffen sich ein klein wenig zu oft. Jedes Mal, wenn sie ihn sieht, hat Karin das Gefühl, er schaue sie schon eine Weile an, und jedes Mal ist es, als würde eine brennende Flamme auf ihre Brust gerichtet, und sie muss sich abwenden. Und unmittelbar darauf eine Angst, die zwiegespalten ist. Zum einen: Was sind das für Gefühle, die sie plötzlich so beherrschen? Und zum anderen: Ist es Sven aufgefallen? Sie hat ihm gegenüber die seltsamsten Schuldgefühle. Sie hat ein schlechtes Gewissen wegen Dingen, die sie gar nicht getan, und wegen eines Verrats, den sie nicht begangen hat.

Sie schaut auf Olofs Hände hinab, als er geschickt die Karten mischt und austeilt. Als Sven seine Karten sieht, murmelt er: »Mist«, und wirft einen Blick auf die Uhr. »Oh Gott, es ist schon viertel vor zwölf. Zeit, ins Bett zu gehen.«

»Sie können doch nicht mitten in einer Partie aufhören«, protestiert Olof.

»Ich gehe schlafen«, erwidert Sven. »Scheißblatt.«

Er steht auf.

»Ich spiele die Partie noch zu Ende«, sagt Karin, »ich komme gleich.«

Es ist kurz still, dann sagt Sven: »Ach so, gut.« Er verlässt rasch das Zimmer, und sie steht ebenfalls auf. »Oder nein, eigentlich bin ich auch müde.« Olof erhebt sich im selben Moment wie sie. Ihre Blicke treffen sich, er öffnet den Mund, um etwas zu sagen, lässt es aber sein.

Sie eilt Sven hinterher, auf dem Korridor schweigen sie. Zu hören sind nur seine entschlossenen Schritte, das Klappern der Schlüssel in der Dunkelheit.

Sie lauscht auf seinen Atem. Wenn er wütend ist, kann sie es daran ablesen, wie er atmet, jetzt aber ist sie unsicher; sie hat keine Ahnung, wie groß der Schaden ist, den sie angerichtet hat. Wenn seine Stimmung umschlägt, merkt sie es oft als Erstes an Geräuschen. Einem untrainierten Ohr würde nichts auffallen, aber sie hört alles. Wie er mit den Daumen aufs Lenkrad trommelt, wenn er an einer Ampel stecken bleibt. Die Wucht, mit der er die Schranktür schließt, wenn er sich in der Küche ein Glas Wasser holt. Aber auch subtilere Dinge. Wie intensiv er beim Lesen an den Bügeln seiner Brille saugt. Oder wenn er sie anspricht; er kann auf achtzig verschiedene Weisen »Karin« sagen, und jede bedeutet etwas anderes.

Sie folgt ihm dicht auf den Fersen, den langen Korridor entlang, der den nördlichen Gebäudeteil der Stiftung mit dem westlichen verbindet. Sie spürt ihren Pulsschlag an drei verschiedenen Stellen. Rein körperlich passiert so viel mit ihr, wenn Sven wütend ist. Es ist, als würde seine Laune sich in sie hineinfressen und sie krankmachen. So ist es nicht immer gewesen. Anfangs war es, als würde sein Temperament ihnen beiden Aufwind verleihen. Sven war wütend auf die Welt, auf Kritiker, die keine Ahnung hatten, Autoren, die ihn in der Zeitung verleumdeten, Verwandte, die sich in seine Angelegenheiten mischten, Journalisten, die nichts im Sinn hatten, als seinen Ruf zu schädigen. Die Wut verband sie, wenn Karin mit einstimmte, hinter ihm stand. Sie bestärkte ihn in seinen Vorstellungen, gab ihm recht – sie zusammen gegen die ganze Welt!

Es war zugleich eine Wut, die sie beschützte. Es war berauschend, ihn an ihrer Seite zu wissen. Er war ihr Vorposten. Er würde für sie in die Schlacht ziehen.

Dann kam die Veränderung. Sie erinnert sich an das erste Mal, als Svens Zorn sich gegen sie richtete. Sie erinnert sich an jede Einzelheit, denn es kam für sie wie aus dem Nichts. Es geschah nur ein paar Tage, nachdem sie sich verlobt hatten. Sie wollten zu Hause zu Abend essen, und sie hatte sich unterm Tisch die Schuhe ausgezogen. Sven fauchte sie an: »Du kannst ja wohl die Schuhe anbehalten, wie jeder andere normale Mensch.«

Es war vielleicht nichts. Aber es war ein neuer Ton.

Und im Nachhinein, wenn sie daran denkt und wie sie darauf reagiert hat – sie zog sich rasch die Schuhe an, und dann aßen sie weiter –, erkennt sie sich selbst nicht wieder. Sie sieht sich als eine freie, starke Frau. Wenn sie sich unterm Tisch die Schuhe ausziehen will, tut sie das. Dass sie sich so ohne Weiteres gefügt hat, markiert für sie eine Wende.

Sie waren eingeladen, und Karin bemerkte, dass sich zwischen seinen Vorderzähnen ein paar Essensfasern verfangen hatten. Sie machte ihn darauf aufmerksam, und er versuchte, sie mit dem Fingernagel zu entfernen, vergeblich. Sie streckte die Hand aus, um ihm zu helfen, und da schlug er ihr auf die Finger. Auch das war vielleicht nicht so schlimm. Aber es war etwas Neues. Eine Laune, mit der sie umgehen musste.

Und es ging weiter. Kleine, kleine Vorfälle, die einer zum anderen kamen und sich häuften. Eine Gereiztheit, die aufflammte und verschwand. Die erste Zeit war verwirrend für sie. Eines Abends, nachdem er sie wieder einmal angefahren hatte, fragte sie beiläufig: »Hasst du mich, Sven?«

So etwas würde sie heute nicht fragen, denn sie will die Antwort nicht wissen. Die Angst kam mit der Zeit. Zu Beginn war sie so vage, dass sie sie kaum wahrnahm oder zumindest nicht benennen konnte. Sie kam, wenn Karin eine plötzliche Veränderung in seiner Stimme bemerkte. Oder wenn er eine Tür lauter schloss als sonst. Oder wenn er sie beim Essen über den Tisch hinweg streng ansah, was niemand bemerkte außer ihr. Da fuhr etwas in ihren Magen, das nicht verschwinden wollte, ein ängstliches Flattern.

Mit der Angst kam eine Erkenntnis, die nicht immer bewusst war: Sie musste sich verändern. Es gibt Dinge in ihrem Verhalten, die Sven nicht gefallen. Und diese Dinge muss sie ausmerzen. Das erste gemeinsame Jahr mit Sven war eine Phase der Anpassung. Früher hatte sie es geliebt, durch die Markthallen zu schlendern, zwischen den Ständen herumzulaufen und das Gemüse zu betasten oder sich mit den Händlern zu unterhalten. Als sie aber begriff, dass Sven das nicht mochte – er fand, sie treibe sich herum und verbummle Zeit –, hörte sie damit auf.

Sie hatte es geliebt, am Wochenende morgens lange zu schlafen, eine Grammophonplatte aufzulegen, im Bett zu bleiben, sich zu räkeln und eine ausgedehnte Morgentoilette zu machen. Aber als sie begriff, dass Sven fand, es sei unanständig, erst nach neun Uhr aufzustehen, hörte sie auch damit auf. Sie veränderte sich ständig, nur um festzustellen, dass es immer neue Dinge gab, an denen Sven sich stieß. Diese Angst davor, etwas falsch zu machen. Sie begriff, dass alles, was sie sagte und tat, mit Gefahr verbunden war, dass alles Handeln sich als vermintes Gelände herausstellen konnte, denn es konnte sein, dass sie etwas tat, was ihm nicht passte. Sie ging mit dem Gefühl herum, dass es ein Regelwerk zu ihrem Verhalten gab, auf dem er hockte, das ihr selbst aber nicht zugänglich war, und dieses Regelwerk veränderte sich ständig, je nach seinen Launen. Jedes Mal, wenn sie einen Fehler machte, kam eine Reaktion. Immer häufiger wurden seine Ausbrüche, und immer lauter. Er wurde nicht gewalttätig, aber manchmal nutzte er es aus, dass er größer war als sie: Wenn er wütend wurde, kam es vor, dass er sich ganz dicht neben sie stellte, wodurch sie sich bedroht fühlte. Manchmal packte er auch ihren Arm und ließ ihn nicht mehr los. Dann kam es vor, dass sie vor Nervosität kicherte, was ihn nur noch wütender machte, denn er hatte das Gefühl, sie begreife den Ernst der Situation nicht.

Sie sind an ihrer Tür angelangt, und Karin sieht sein verkniffenes Profil, als er mit dem Schlüssel auf das Schloss zuhält. Noch immer kann sie ihn nicht deuten, weiß nicht, was sie erwartet. Es ist dunkel, und Sven trifft das Schloss nicht. »Verdammt«, flüstert er und tastet mit den Fingern, um das Schlüsselloch auszumachen. Endlich gelingt es ihm, die Tür öffnet sich. Jetzt kommt der Augenblick der Wahrheit, denn eines weiß sie: Er würde sie nie vor anderen herunterputzen. Immer nur zu Hause oder wenn niemand es bemerkt.

An diesem Punkt ist sie also gelandet. Sie ist eine Frau geworden, die Angst vor ihrem Mann hat. Was sie überrascht: dass sie nicht sofort alles getan hat, um sich aus dieser Position zu befreien. Stattdessen hat sie sich gefügt, mit Wohlwollen könnte man sagen. Es war ein Schrecken, der in gewisser Weise bekannt war, aus ihrer

Kindheit. Sie erinnert sich an ihre Mutter, wie sie sich ständig nach ihrem Mann richtete, wie sie alles tat, um das Risiko, dass er wütend wurde, zu minimieren. Kann sich Angst vererben? Über Jahrtausende haben Frauen Angst vor Männern gehabt, der Schrecken ist durch Generationen gegangen und am Ende Teil der Biologie geworden. Es macht ihr Hoffnung, dass sie nicht allein damit ist. Dass nicht sie es ist, mit der etwas nicht stimmt.

Zu Beginn hat Karin gedacht, sie könnte es ertragen, sie würde sich von diesen Launen nicht so herunterziehen lassen. Aber es begann sie immer mehr einzuengen. Wenn Sven wütend war, bekam sie Bauchschmerzen, sie musste nachmittags mehrfach zur Toilette rennen. Sie verlor den Appetit und schlief schlecht. Ganz allmählich veränderte sich ihre Persönlichkeit, sie wurde immer verschlossener, zog sich zurück. Sie begriff, dass es nicht Dinge waren, die sie sagte oder tat, die Sven wütend machten, sondern ihr Wesen. Immer mehr wuchs ihre Überzeugung, dass er sie verabscheute.

Dennoch wollte er sie besitzen und kontrollieren. Die ständig schwelende Eifersucht. Wenn sie abends ausging, schnüffelte er anschließend an ihrem Mantel nach männlichem Eau de Cologne. Er öffnete ihre Post. Er stand in der Tür und sah zu, wenn sie telefonierte. Er war ständig darauf gefasst, dass sie ihn betrog. Hielt sie nächtelang wach und verhörte sie, was sie gemacht und mit wem sie sich getroffen hatte.

Sie betreten das Zimmer. Sven schließt sorgfältig die

Tür und schaltet das Deckenlicht ein. Karin legt ihre Handtasche auf die Kommode und blickt zu Sven auf. Er starrt sie an. Er hebt die Hand und zeigt auf sie, sodass sein Finger fast ihre Nase berührt, und zischt zwischen den Zähnen:

»Wir kommen zusammen. Wir gehen zusammen.«

KAPITEL 18

1988

Jeder Morgen beginnt mit demselben Geräusch: Im Badezimmer läuft das Wasser, Oma macht ihre Morgentoilette. Das ist das Signal – jetzt darf man aufstehen. Ich ziehe mir den Pyjama an, klüger geworden seit jenem Mal, als ich in Unterhose und T-Shirt zum Frühstück herunterkam. »Darin hast du geschlafen?«, fragte Oma verblüfft. »Man kann doch nicht in der Unterhose schlafen.«

Laut der Wanduhr im Hausflur ist es kurz nach sieben. Geduldig warte ich vor dem Badezimmer. Omas Morgentoilette dauert lange, zwischen fünfundvierzig Minuten und einer Stunde. Sie nimmt das Radio mit ins Bad und hört P1. Ich lausche ihren Selbstgesprächen, sie kommentiert die Sendung, berichtigt sprachliche Fehler, korrigiert die Aussprache, liefert kernige Analysen der Nachrichten. Sie ist ruhig und scharfsinnig, eine Kommentatorin ihrer Gegenwart mit Durchblick und Humor, ganz ohne Publikum.

Ich steige die Treppe hinunter und höre Geräusche

aus Großvaters Arbeitszimmer. Ein leises Murmeln, Großvater redet ebenfalls mit sich selbst. Ich stelle mich in die Tür und beobachte ihn, wie er da sitzt, bereits angezogen, in Hemd und Jackett. Ich kenne die Regeln. Nur reden, wenn man angesprochen wird. Er schreibt in eines seiner Notizbücher, die in gelbes Leder gebunden sind und in denen ich gestern geblättert habe, als ich heimlich in seinem Arbeitszimmer war. Er ist ganz in seine Arbeit vertieft, schreibt konzentriert und folgt seinem Stift mit den Augen. Dann entdeckt er mich.

»Ach, du bist wach«, sagt er.

»Ja.«

Er legt den Stift beiseite und seufzt tief. Dann greift er nach der Armlehne und dreht den Oberkörper, um seinen Rücken durchzustrecken.

»Was schreibst du?«, frage ich.

»Mein letztes Buch«, sagt er.

»Worüber?«

»Über die Wahrheit.«

Er nimmt den Stift auf, beugt sich erneut über das Buch. Ein Zeichen für mich, ihn in Ruhe zu lassen.

Ich gehe in die Küche. Setze mich auf meinen Platz am Fenster und lese das Buch, das ich dabeihabe, *Gummi-Tarzan* von Ole Lund Kirkegaard. Oma freut sich, dass ich Bücher lese, und fragt mich jedes Mal, was ich dabeihabe, und als sie gestern in der Küche den Einband sah, freute sie sich noch mehr. »Kirkegaard! Das war wirklich ein interessanter Mann«, sagte sie, nahm das

Buch – und wurde sofort nachdenklich. »Gummi-Tarzan«, murmelte sie. Sie wirkte plötzlich verunsichert, konnte den Titel nicht recht in Kierkegaards Produktion philosophischer Essays einordnen.

Nach einer Weile betritt Oma die Küche. Als sie mich sieht, strahlt sie. »Dann wollen wir dir mal Frühstück machen«, sagt sie.

Ich liebe es, bei meinen Großeltern zu frühstücken. Zu Hause machen wir uns das Frühstück selbst, schmieren uns an der Spüle ein Brot und essen es im Stehen. Das hier ist etwas ganz anderes.

Oma deckt Teller für alle auf, und neben jeden Teller kommt ein eigenes Buttermesser, das an einem kleinen Kristallkubus lehnt. Sie stellt auch nicht einfach den Milchkarton auf den Tisch, sondern füllt die Milch erst in ein kleines Kännchen. Sie deckt Käse und verschiedene Sorten aufgeschnittener Brötchen auf, manche haben Körner drauf, andere nicht, manche sind hell, andere dunkel. Der Belag wird auf verschiedenen Platten angerichtet. Sie schneidet hauchfeine Paprikascheiben und legt Gurke dazu. Meinen warmen Kakao bereitet Oma mit so feierlicher Sorgfalt zu, als folge sie einem uralten Rezept – sie misst Zucker, Kakao und Sahne ab und rührt gründlich um, bevor sie die heiße Milch darüber gießt. Oma stellt immer noch weitere Dinge auf den Tisch, es nimmt gar kein Ende. Dabei herrscht eine Ruhe in der Küche, wie ich sie sonst nirgendwo erlebe. Am Küchentisch zu sitzen und zuzusehen, wie der Frühstückstisch unendlich langsam Gestalt annimmt. Oma kommt gerade mit einer kleinen Schüssel Apfelschnitze an, als sie plötzlich innehält. Sie beugt sich vor, nimmt einen Kaffeefleck vom Vortag auf der Spüle ins Visier und rubbelt ihn mit dem Lappen weg.

Dann sprechen wir gemeinsam das Tischgebet, mit gesenkten Köpfen stehen wir hinter den Stühlen und sagen:

»Danke, lieber Gott, für deine Gaben. Amen.«

Und dann essen wir.

Oma trinkt Kaffee mit so viel Milch, dass er wie Tee aussieht. Und sie isst dunkles Brot mit Marmelade. Ich habe noch nie jemanden so Brot essen sehen wie Oma. Sie schneidet die Scheibe in Vierecke, die sie sich anschließend in den Mund steckt. Kleine quadratische Häppchen. Es ist sehr zeitaufwendig. Wenn sie fertig ist, schichtet sie die übrig gebliebenen Kanten zu einem ordentlichen Haufen auf den Teller, für die Vögel.

Ich gehe auf die Gästetoilette im unteren Stock. Sie wird so selten benutzt, dass ich mit der Hand gegen die Seife schlagen muss, um sie vom Waschbeckenrand zu lösen. Als ich zurückkomme, sehe ich bereits durch die Glastür, dass Großvater am Frühstückstisch Platz genommen hat. Ich bleibe stehen und betrachte meine Großeltern einen Moment lang durch die Scheibe. Großvater streicht sich eine Scheibe Brot, und als er den Käseteller haben will, zeigt er darauf, und Oma reicht ihn ihm. Dann essen sie schweigend weiter. Schauen auf die Tischplatte hinunter. Oma entdeckt ein paar Brotkrümel und entfernt sie, indem sie ihren Daumen darauf drückt, sodass sie daran kleben bleiben.

Ich fühle mich plötzlich so unglücklich, denn ich begreife, dass das das wahre Bild ist: So ist es, wenn ich nicht bei ihnen bin. Wenn sie niemanden sonst zum Reden haben.

Was ich sehe, ist ihre Endstation. Weiter können sie sich nicht voneinander entfernen. Ein vages Gefühl, dass da etwas ist, das ich nicht verstehe, dass es etwas in diesem Bild gibt, das ich übersehe. Warum reden sie nicht miteinander? Wann ist es so still zwischen ihnen geworden?

KAPITEL 19

25. Juni 1932

Bei der Rückkehr von unserem Waldspaziergang heute stellten wir uns besorgt die Frage, wie wir diesen erklären sollten. Wir einigten uns darauf, dass wir im Café gewesen waren, um uns nach dem schrecklichen Fisch, den es zum Essen gegeben hatte, erst einmal satt zu essen. Es ging gut, und Sven wirkte alles andere als misstrauisch.

Aus Olof Lagercrantz' Tagebuch

Mitten im Innenhof der Sigtuna-Stiftung gibt es einen Springbrunnen, und daneben steht eine kleine Bank. Diesen Ort liebt Karin. Wohin sie sich von hier aus auch wendet, sieht sie etwas Schönes. In drei Himmelsrichtungen die Säulengänge, die den Hof umrahmen und die sie an die Klöster erinnern, die sie als junges Mädchen besucht hat, als sie auf eine Schweizer Mädchenschule ging. Und im Westen glitzert der Mälar-See zwischen den hohen Nadelbäumen. Sie lauscht auf das Sprudeln des Springbrunnens. An den Mauern des Innenhofes sitzen Studenten und Autoren an Cafétischen und unterhalten sich. Ein Stimmengewirr, das nah ist und doch fern genug, sodass niemand von ihr erwartet, sich zu beteiligen. Es ist genau der Ort, an dem sie sein möchte: allein und doch mit anderen zusammen. Mitten drin, aber dennoch außerhalb. Sie liegt auf der Bank und benutzt ihre Jacke auf der Armlehne als Kissen. Sie weiß, dass Sven es nicht mag, wenn sie vor anderen so daliegt, aber er sitzt in sicherer Entfernung im Turmzimmer und schreibt. Sie hat sich ihr Buch auf die Brust gelegt. Jeden Satz muss sie noch einmal lesen und versteht dennoch kein Wort. Manchmal liest sie eine ganze Seite und kann doch anschließend den Inhalt nicht wiedergeben, ungefähr, wie wenn man Rad fährt und für einen Moment außerhalb seines eigenen Bewusstseins gerät. Wird man anschließend in die Wirklichkeit zurückgeworfen, kann man nicht mehr erklären, wie man dort hingekommen ist. Karins Gedanken wandern ständig woanders hin.

Das Kartenspiel gestern.

Was hat sie sich nur dabei gedacht? In letzter Zeit versteht sie oft selbst nicht, was sie tut. Sie ist unberechenbar, weiß vorher oft nicht, was sie als Nächstes sagen oder machen wird. Sie trifft unüberlegte Entscheidungen.

Eine Glocke läutet im Hof. Die Stiftungsgäste brechen von ihren Terrassentischen auf und begeben sich zum Nachtisch in den Speisesaal. Aus der entgegengesetzten Richtung, gegen den Menschenstrom, sieht sie

Olof kommen, im blauen Anzug und mit einem Einstecktuch in der Brusttasche, so weiß, dass es beinahe blau wirkt. Er lächelt ihr zu und winkt von Weitem.

»Wie fandest du den Fisch?«, fragt er.

»Schrecklich.«

»Sollen wir abhauen, dann sparen wir uns wenigstens den Nachtisch?«

»Gerne.«

Unüberlegte Entscheidungen. Immer wieder und wieder.

Lange hat sie gedacht, diese irrationalen Aktionen wären ein Zeichen von verborgener Abenteuerlust und Teil ihrer Persönlichkeit, und sie glaubte, es wäre eine gute Eigenschaft, die sie hüten und sich bewahren sollte; sie ist neugierig, und das ist gut! Erst im vergangenen Jahr hat sie begriffen, dass es auch andere Erklärungen dafür geben könnte: Jedes Mal, wenn sie die Angst überkommt, trifft sie drastische Entscheidungen, wie um sich selbst aufzurütteln, um dem Gefühl der Leere zu entgehen, das sie immerzu verfolgt.

Vor zwei Jahren hat sie das zum ersten Mal erlebt. Sie sah sich plötzlich einer Apathie ausgesetzt, die sie als lebensbedrohlich empfand. Sie lag im Bett und vermochte nicht aufzustehen. Das war drei Wochen, nachdem sie die illegale Abtreibung in Kopenhagen hatte durchführen lassen – dass sie damals keine Verbindung zwischen diesen beiden Ereignissen gesehen hat. Dass sie nicht begriffen hat, dass es Spuren hinterlassen würde: die Tage, die sie in diesem schmutzigen Keller eingesperrt war. Der Geruch nach Erde, Schimmel und nach den Medikamenten, die den Frauen in den Unterleib gespritzt wurden. Sie lag auf einer Pritsche in einer fensterlosen kleinen Zelle. Zu beiden Seiten von ihr gab es ebensolche Zimmer mit anderen Frauen, die still waren oder vor Schmerzen wimmerten, je nachdem, in welcher Phase der Behandlung sie sich gerade befanden. Der Engelmacher hatte angefangen, ihr zu beschreiben, wie die Abtreibung vonstattengehen würde. Als sie ihn unterbrach und sagte, sie wolle die Einzelheiten gar nicht wissen, wurde er streng: »Ich verlange von Ihnen, dass Sie sich vollkommen darüber im Klaren sind, was ich mit Ihrem Körper tun werde.« Und so sah sie sich gezwungen, sich anzuhören, wie er ihr die Wirkstoffe in die Gebärmutter spritzen würde. Diese Behandlung würde so lange durchgeführt werden, bis es zum Erfolg kam. »Erst wird es zu Blutungen kommen, das kann Tage dauern, und dann kommt das Kind«, hatte er gesagt, und sie konnte nicht vergessen, dass er den Fötus als Kind bezeichnete. Als würde er sie dafür verachten, dass sie sich entschieden hatte, ein Leben auszulöschen. Als sie wieder nach Hause kam, fühlte sie sich seltsamerweise stark. Bis sie sich eines Nachmittags ins Bett legte und nicht mehr erheben konnte.

Sven brachte sie zu einem Nervenarzt, der feststellte, dass sie an »Ängsten« litt. Sie wurde in die Klinik eingewiesen. Diese nannte sich Erholungsheim, unter den anderen Patienten waren jedoch fast ausschließlich psychisch Kranke. Als sie zum ersten Mal von warmen Dauerbädern erfuhr, die zur Standardbehandlung gehörten, fand sie, das klinge angenehm. Sie wusste ja nicht, dass es bedeutete, bis zu zehn Stunden in fünfunddreißig Grad warmem Wasser zu liegen. Als sie aus der Wanne steigen wollte, wurde es ihr verboten. Niemand begriff, dass es alles noch schlimmer machte. Ganz allein mit ihren Gedanken dazuliegen, führte sie nur noch tiefer in ihre Ängste hinein, die das Bad doch angeblich lösen sollte. Am Ende beschloss sie, das Bad dennoch abzubrechen. Mit Gewalt wurde sie daran gehindert, das Personal bediente sich einer Segeltuchdecke, um sie in der Wanne zu halten. Verzweifelt schrie sie, sie sollten sie loslassen. Sie lag im Wasser, und Stück für Stück kam ihr die Wirklichkeit abhanden. Sven holte sie zurück nach Hause, und sie flehte ihn an, sie nie wieder so etwas auszusetzen. Ihr wurde Opium verschrieben, das sie in Alkohol auflösen und trinken sollte, wenn die Angst zurückkehrte. Aber das bewirkte nur, dass sie einschlief, und wenn sie erwachte, war die Angst zurück, noch heftiger als zuvor.

Jetzt therapiert sie sich selbst, indem sie das Geschehen so steuert, dass sie es nicht länger kontrollieren kann. Für einen Kick, um an die Oberfläche zu kommen. Wie damals im Frühling, als Sven und sie im Wirtshaus Djurgårdsbrunn zum Abendessen waren. Unten am Steg lag ein Schiff, eine Hochzeitsgesellschaft ging an Bord. Sie zog Sven zum Steg und schlug vor, sie könnten doch mitfahren. Wir kennen die Gäste nicht! Wir wissen nicht, wo wir da landen! Es ist ein Abenteuer! Sven lehnte ab, doch sie sprang an Bord – um ihn zu locken. Als das Schiff auf den Kanal hinausfuhr, blieb er auf dem Steg zurück. Erst zehn Minuten später legte sich ihre Erregung, und da kamen die Leere und die Erkenntnis: Sie war nicht abenteuerlustig, sie war einfach nur grenzenlos. Und sie wurde von überwältigendem Selbsthass übermannt. Sie erkannte sich selbst nicht wieder.

Als sie jetzt mit Olof heimlich die Mauern der Stiftung hinter sich lässt, ist sie zunächst verunsichert. Ist das auch nur ein Ausdruck ihrer Hemmungslosigkeit? Dann wäre es unfair, ihm gegenüber.

Nein.

Das hier ist etwas anderes. Sie fühlt sich auf eine Weise zu diesem Mann hingezogen, wie sie es noch nie zuvor erlebt hat.

Es ist eine Kraft, der sie nicht widerstehen kann.

Sie gehen in den Nadelwald hinter dem Gebäude. Es ist bewölkt, drückend und windstill, der Boden immer noch feucht vom Regen und dennoch trocken. Die Bäume verlieren ihre Rinde, sobald man sie berührt. Bei schwierigen Abschnitten geht Olof vor ihr her und prüft das Gelände. Sie folgt ihm einen Hügel hinauf und betrachtet seinen ausrasierten Nacken. Sieht, wie er den Berg hinaufschaut, um sich zu orientieren. Er erschlägt eine Mücke auf seiner Wange. Er reicht ihr die Hand, wenn sie von einem Stein zum nächsten springen muss. Sie gehen weiter, und auf einer Anhöhe öffnet sich eine Lichtung. Im Gras liegen Felsblöcke. Einer davon ist größer als die anderen und hat zwei weiche Kuhlen. Es sieht lustig aus, als hätte die Natur fünftausend Jahre an diesem Stein gearbeitet, damit er eines Tages zwei Menschen als Sitzplatz dient. Sie lassen sich nieder, er breitet vorher sein Einstecktuch aus, damit sie sich daraufsetzen kann. Sie blicken den Berg hinunter. Die Aussicht ist atemberaubend, sie sitzen wie auf einem Plateau zum Wasser hin, wie bei einer Kinovorstellung des Mälar-Sees.

»Erzähl mir etwas über dich«, sagt er.

»Was möchtest du wissen?«

»Egal, was. Erzähl mir von deinem Vater. Du bist der erste Mensch, den ich kenne, der einen Nobelpreisträger zum Vater hat. Ist er so intelligent, wie immer gesagt wird?«

»Ich weiß leider nicht viel über ihn«, sagt sie.

»Du weißt nicht viel – über deinen Vater?«

Sie erklärt es ihm, indem sie eine Geschichte erzählt. Mit fünf kam ein fremder Mann in ihr Kinderzimmer. Karin war eingeschüchtert und verkroch sich in eine Ecke. Obwohl sie von ihrer Mutter gut erzogen worden war und wusste, dass Kinder Erwachsene grüßen sollen. Also trat sie zum Kindermädchen und flüsterte: »Soll ich dem Onkel guten Tag sagen?« Das Kindermädchen schmunzelte. »Ja, das kannst du ruhig«, sagte sie. »Das ist nämlich dein Vater.«

Olof lacht laut. Er legt den Arm um sie, wie um sie zu trösten, und nimmt ihn sofort wieder weg.

Von ihrem Sitzplatz kann sie das Dach des Turmzimmers erkennen. Dort hat sie eines Vormittags vor zwei Jahren Sven zum ersten Mal getroffen. Zwischen den Baumstämmen sieht sie den Garten, wo sie geheiratet haben. Sie hatten Stühle herausgetragen und in Reihen auf der Wiese aufgestellt. Es begann zu regnen, und Panik brach aus, mitten in der Zeremonie suchten sie in den Säulengängen Schutz. Dieser Stein ist wie ein Aussichtspunkt über ihre und Svens Beziehung. Und nun sitzt sie hier mit diesem Mann, dem sie nicht widerstehen kann.

Sie schauen auf das Wasser. Die Wolkendecke am Horizont ist jetzt aufgerissen, und die Sonne versinkt langsam in der Lücke. Plötzlich befinden sie sich in einem anderen Wald, mit ganz anderen Farben.

»Ist es nicht unglaublich, dass wir das erleben dürfen?«, fragt er.

Sie mustert ihn von der Seite, wie er in die tiefstehende Sonne blickt. Sie muss daran denken, wie sie kürzlich mit Sven zusammen gegessen hat und dieser Olof als uninteressant charakterisiert hat. »Er ist vollkommen leer«, sagte er. Und sie kann verstehen, wie es zu diesem Missverständnis gekommen ist, denn Olof sitzt schweigend hinter seiner Schreibmaschine oder man sieht ihn daneben stehen und dem Treiben zuschauen. Aber Olof ist nicht leer, er ist offen. Er nimmt alles in sich auf, auch in diesem Moment, in dem ein Sonnenuntergang sich in ein Naturphänomen verwandelt. Er nimmt die Welt in sich auf wie ein Forscher, aber er vermag nicht mit den Daten umzugehen. Als sammle er Material für eine große Arbeit, müsse aber ständig in Tränen ausbrechen über all dem Großen, was um ihn geschieht. Sie sieht, wie er sich eine Hand an den Unterkiefer legt, seine großen blanken Augen, und sie lacht.

»Warum lachst du?«, fragt er.

»Du erinnerst mich an Hänschen im Blaubeerwald.«

»Wer ist Hänschen im Blaubeerwald?«

»Hast du nie Elsa Beskow gelesen?«

Sie erzählt von Hänschen, der den Stab des Blaubeerkönigs berührt und ganz klein wird und im Wald großartige Dinge erlebt. Die Blaubeeren werden groß wie Äpfel, ein Blatt kann plötzlich als Segel eines Bootes dienen. Sie sagt, seine großen Augen angesichts des Sonnenuntergangs würden sie daran erinnern, wie Hänschen im Wald eine Maus erblickt, so groß, dass man auf ihr reiten kann.

»Vielleicht werde ich dich ab jetzt Hänschen nennen«, sagt sie.

Sie sehen sich an, einen kurzen Moment, dann schauen sie wieder aufs Wasser. Es wird still. Sie kann nicht aufhören, vor sich hinzulächeln, über die Steifheit, die dieses Zusammensein prägt. Es wirkt so furchtbar angestrengt. Noch vor einer Weile konnten sie wenigstens miteinander reden. Jetzt ist es, als näherten sie sich etwas, von dem keiner von ihnen weiß, wie sie es durchführen sollen. Schweigen und starre Höflichkeitsphrasen, alles, was sie sagen, klingt albern und hohl. Es ist ihr peinlich, welche Banalitäten aus ihrem Mund kommen, aber Olof ist noch schlimmer. Seine Nervosität hat ein neues Niveau erreicht. Er windet sich und stottert und wird ständig rot, atmet schwer und seufzt so seltsam, als wäre er am liebsten gar nicht hier. Eine Gehemmtheit, die über alles Wahrscheinliche hinausgeht.

»Was lachst du?«, fragt er.

Er sieht verwirrt und ängstlich aus. Er wird nicht die Initiative ergreifen, er wird nur dasitzen und rot werden und solche Dinge. Wenn sie darauf warten soll, dass er etwas tut, werden sie noch tagelang auf diesem Stein hocken.

Sie beugt sich zu ihm und küsst ihn. Ganz kurz.

KAPITEL 20

Die Mädchen spielen Fußball in der runtergerockten Sporthalle in Gärdet. Turnschuhe quietschen auf dem Kunststoffbodenbelag. Vereinzelte träge Rufe von Eltern, die an den Sprossenwänden herumstehen. Der Trainer hat eine Trillerpfeife, die er ein wenig zu oft benutzt. Ich sitze auf einer der Holzbänke im schwachen Schimmelgeruch der Umkleide und lese Olof Lagercrantz' Tagebuch. Es hat eine seltsame Wirkung auf mich. Ich nehme es mit, wo ich gehe und stehe. Ich lese es in der U-Bahn, wenn ich Mittag esse, in der Badewanne. Was in jenen heißen Sommertagen in der Sigtuna-Stiftung geschieht, wird Auswirkungen auf meine ganze Familie haben – so habe ich mein Suchen bisher gesehen: als einen Versuch, mich selbst zu verstehen. Aber je weiter ich lese, desto klarer wird mir, dass es auch die Geschichte über diese beiden ist, über Karin und Olof.

Ich ertappe mich dabei, das Tagebuch zu lesen, als wäre es ein Roman. Es ist ein richtiger Pageturner, ich kann es nicht weglegen. Es ist so rein in seiner Erzählung, da gibt es nichts Gekünsteltes, es will nichts vorspielen oder beschönigen. Es ist das erzähltechnische Gegenteil zum »allwissenden Erzähler«. Der Erzähler weiß nichts – und ich sitze hier nach fünfundachtzig Jahren mit den Folgen. Das hat zuweilen natürlich auch einen traurigen Anstrich. Olof ist einen Tag euphorisch, er weiß endlich, wovon sein Debütroman handeln soll. Es soll das Tagebuch eines jungen Todgeweihten während der letzten Woche seines Lebens sein. Ein langsamer Weg in den Wahn. Er ist so glücklich. Ich möchte ihm sagen, er solle aufhören, seine Zeit zu vergeuden. Beende dieses Projekt, Olof. Du wirst noch weitere drei Jahre in kreativer Verzweiflung leben. Nichts von Wert wirst du zustande bringen. Aber dann wirst du dein Debüt hinlegen, im Frühjahr 1935, nicht mit einem Roman über einen Todgeweihten, sondern mit einer Gedichtsammlung. Du wirst als einer der vielversprechendsten Dichter der neuen Generation gelobt werden. Vor allem ein Gedicht, das über den toten Vogel, der im Eis festfriert, wird für eines der schönsten gehalten werden, das du je geschrieben hast. Und damit beginnt dein Weg. Du wirst großartige Bücher schreiben. Du wirst eines Tages Chefredakteur der Tageszeitung *Dagens Nyheter* werden. Berühmt, geliebt und anerkannt. All das wirst du werden. Aber noch nicht jetzt.

Und die Träume von Karin. Da ist so viel Sehnsucht, die er in sich trägt, so viele Pläne für ihr gemeinsames

Leben. Er ist verliebt. Er ist mehr als das, er ist ausgeknockt vor Liebe. Aber es ist eine Leidenschaft, die schleichend kommt, nicht wie in der Fiktion, wenn es klick macht oder ein entscheidendes Ereignis alles verändert. Im Tagebuch treffen die Gefühle unter dem Radar ein, er wird selbst von ihnen überrumpelt. Von seinem verhaltenen Eindruck von Karin während der ersten Tage in der Sigtuna-Stiftung, als er sie als »dekorativ« beschreibt und festhält, sie habe Sven ungefähr so geheiratet, wie man Geld auf ein Rennpferd setzt – »als wäre sie nicht ihm als Mensch verbunden, sondern eher als Autor und öffentlicher Person«. Und er fügt hinzu: »Wenn das so ist, wird es auf Dauer wohl düster für sie aussehen.«

Nach dem ersten Gespräch mit Karin beschreibt er sie nebenbei als »bezaubernd«, um tags darauf festzustellen, dass sie »die Zeit hier vergoldet«. Er freut sich, dass Karin ihn zu duzen beginnt, nach ihrer gemeinsamen Autofahrt durch den Sommer: »Das muss allerdings als große Ehre betrachtet werden, da sie Studenten niemals das Du anbietet. Wahrscheinlich auf Anweisung von Sven.« Und dann der Spaziergang im Wald und der Kuss. Nachdem er an dem Abend in sein Zimmer zurückgekehrt ist, setzt er sich an sein Tagebuch und schreibt: »Ich will sie beschützen, sie tragen, ihr helfen, wo ich nur kann.« Und später am selben Abend: »Sie ist meine Zukunft. Ohne sie kein Leben.«

Ich liebe Olof Lagercrantz und Karin Stolpe. Ich liebe

ihre ersten Begegnungen, liebe ihre Neugierde und wie sie sich einander behutsam nähern. Ich liebe ihre Liebe. Und ich liebe ihren Mut. Denn sie wissen beide, dass irgendwo in der Stiftung Sven Stolpe sitzt und das Geschehen mit seinem wachen, misstrauischen Blick verfolgt.

Ich bin der allwissende Leser, der weiß, wie es ausgehen wird.

Olofs Furcht vor Sven verändert sich mit der Zeit. Zu Beginn seiner Tagebuchaufzeichnungen, bevor er ihn kennenlernt, ist er noch nicht in seinem Kraftfeld gefangen. Wenn er an seinen eigenen Fähigkeiten als Autor zweifelt, schreibt er munter: »So ein erbärmlicher Autor wie Stolpe könnte ich allemal werden, aber dafür bin ich mir zu schade.« Es ist eine Aufmüpfigkeit, die bald verfliegt. Als er Sven Stolpe in der Sigtuna-Stiftung etwas besser kennenlernt, äußert er sich abwartend: »Es ist, als würden wir einander nie richtig auf den Leib rücken. Wir sind beide auf der Hut und wissen das nur zu genau.« Und am Ende landet Olof in demselben Abhängigkeitsverhältnis wie alle anderen, die ihm begegnen. Er ringt mit einer Furcht vor Sven, die noch befeuert wird durch die Liebe, die er nach und nach für Karin zu empfinden beginnt.

»Wie soll das nur werden?«, schreibt er in sein Tagebuch. »Sven würde es niemals ertragen, Karin in den Armen eines anderen zu sehen.«

Die Umkleide ist plötzlich voller Mädchen. Es ist

Trinkpause, und meine beiden Töchter stehen mit geröteten Gesichtern vor mir, der ich immer noch mit dem Tagebuch auf dem Schoß dasitze.

»Papa, willst du gar nicht zugucken, wie wir spielen?«

Ich sehe ihnen an, dass sie enttäuscht sind.

»Doch, ich komme gleich.«

Der Trainer stößt in die Trillerpfeife, und alle Kinder laufen wieder in die Turnhalle. Ich verstaue den Papierstapel in meiner Tasche und folge ihnen. Ich nicke den anderen Eltern zu, lehne mich an den Drahtbehälter mit den Basketbällen und schaue zu, wie meine Töchter einem Softball hinterherlaufen. Als eine von ihnen ein Tor schießt, laufen die anderen aus der Mannschaft hin und umarmen sie, aber ich sehe, wie sie sich losmacht und nervös nach mir Ausschau hält, ob ich auch wirklich bemerkt habe, was sie geschafft hat. Ich strecke beide Hände in die Luft und lächle. Aber in Gedanken bin ich woanders. Ich suche nach der nächsten Gelegenheit weiterzulesen. Ich muss wieder zurück nach Sigtuna.

Vielleicht fesselt mich das Tagebuch deshalb so, weil es in seiner Dramaturgie an ein griechisches Drama erinnert. Die Geschichte ist ein Riese, der sich in Bewegung setzt, eine Dreiecksgeschichte, die heranrollt, auf dem Weg in die unausweichliche und endgültige Katastrophe.

KAPITEL 21

27. Juni 1932

Es ist beinahe unangenehm zu sehen, wie gutgläubig er sein kann. Während er ansonsten den ganzen Tag theoretisch darauf gefasst ist, Karin könnte ihn betrügen. Er überwacht sie streng, kommt aber in bestimmten Fällen gar nicht auf die Idee, misstrauisch zu werden.

Aus Olof Lagercrantz' Tagebuch

Das Fenster in Svens und Karins Zimmer ist weit geöffnet, der Sommer neigt sich herein. Olof liegt mit Karin auf dem Bett und lauscht auf Geräusche. Irgendwo auf der anderen Seite des Gebäudes klopft eine Hausangestellte Teppiche. Im Innenhof plätschert der Springbrunnen. Eine Schwalbe, die ihr Nest unterm Giebel gebaut hat, scharrt mit den Klauen übers Holz, bevor sie losfliegt. Ein Mann redet laut, und als er lacht, klingt es, als ob jemand ein Stück steifes Papier zerknüllt. Und über dem Ganzen – das Hämmern von Svens Schreibmaschine aus der Bibliothek ein Stockwerk höher. Er befindet sich direkt über ihnen und schreibt am offenen Fenster. Das Rattern zeigt seine Position an. Wenn es für einen Augenblick still ist, setzen Olof und Karin sich auf und sehen einander beunruhigt an. Aber dann nimmt Sven die Arbeit wieder auf, und sie können sich entspannen. Sie sind vollständig bekleidet, Olof kann innerhalb von Sekunden draußen sein. Was sie hier tun, ist in jeder Hinsicht wahnsinnig, auch was seine Gesundheit angeht. Er soll ja nichts tun, was ihn aufwühlen könnte. Hier mit einer Frau zu liegen, die er liebt, und auf ihren Mann zu lauschen, kann nicht das sein, was sein Arzt gemeint hat, als er »entspannende Aktivitäten« verordnete. Aber Olof hat keine Wahl. Er muss sich dieser Gefahr aussetzen, denn es ist das Kostbarste, was ihm je widerfahren ist.

Mehr kann er darüber nicht sagen.

Es gelingt ihm nicht. Jeden Abend versucht er, seine Gefühle in Worte zu fassen, aber wenn er liest, was er geschrieben hat, erfüllt ihn eine solche Selbstverachtung, dass er das Gefühl hat, sein Fieber würde steigen. Wie soll er Schriftsteller werden, wenn ihm nicht einmal eine einzige wahre Zeile über die Liebe gelingen will? Nicht einmal jetzt, da er so erfüllt ist von ihr? Was noch schlimmer ist: Diese Schreibblockade, an der er leidet, wenn er über Karin schreibt, geht in noch schlimmere Ausdrucksunfähigkeit über, wenn er mit ihr spricht. Er kann witzig sein, das weiß er, denn manchmal bringt er sie zum Lachen, aber er ist vollkommen unfähig, ihr seine Liebe zu gestehen. Nichts Gescheites kommt heraus, wenn er es versucht. Auch jetzt nicht, da er sie endlich für sich hat, ein paar gestohlene Minuten lang. Er sammelt sich, räuspert sich, bricht ab und beginnt von vorn. Es ist wichtig für ihn, ihr zu erklären, dass er ihre Beziehung nicht als »ein kleines Abenteuer« betrachtet – wie sie es gestern angedeutet hat, mit genau diesen Worten und mit einer seltsamen Munterkeit in der Stimme. Dass er es wahrscheinlich so sehen würde. Und wieder war es, als liefe er gegen eine Wand. Er bekam kein Wort heraus.

»Ich muss dir etwas sagen«, flüstert Karin. »Und ich hoffe, dass du mich hinterher nicht verachtest.«

Er setzt sich auf, stützt sich auf einen Ellenbogen. Sie erzählt, dass sie mit einem anderen Mann zusammen gewesen war, kurz bevor sie Sven kennenlernte. Einmal hat sie mit diesem Mann geschlafen, nur ein einziges Mal. Dann wurde ihr klar, dass sie ihn nicht liebte, und sie beendete die Beziehung. Sven und sie kamen sich näher, und sie stellte gleichzeitig fest, dass sie schwanger war. Drei Monate trug sie das ungewollte Kind in sich und wusste nicht, was sie tun sollte.

»Ich beschloss, heimlich nach Kopenhagen zu fahren, um es wegmachen zu lassen.«

»Illegal?«

»Ja.«

»Ich habe gehört, diese Orte können sehr gefährlich sein.«

»Es war noch viel schlimmer. Ich kann nicht darüber sprechen.«

Die Schreibmaschine verstummt. Sie blicken zur Decke. Warten. Und das Klappern beginnt von Neuem.

»Ich war zehn Tage weg«, flüstert sie. »Als ich zurückkam, verlangte Sven eine Erklärung, wo ich gewesen sei. Er verwendete seine gesamte wache Zeit darauf, die Wahrheit aus mir herauszupressen. Er ließ sich nicht abwimmeln. Er legte alles andere beiseite, es wurde zu seinem Vollzeitprojekt. Acht Tage lang hat er mich gequält. Am Ende konnte ich nicht mehr und erzählte ihm die Wahrheit.«

»Wie hat er darauf reagiert?«

»Er hat es sehr schwergenommen und sich im Grunde nie wieder davon erholt. Er hatte eine Vorstellung von mir, oder wohl vor allem von der Frau an sich, als unbefleckt vor der Ehe. Und die hatte ich nun zerstört.«

»Aber ihr wart doch noch gar nicht verheiratet«, sagt Olof. »Warum wollte er dich dann noch zur Frau, wenn es ihn so mitgenommen hat?«

»Weil er mich geliebt hat«, antwortet Karin. »Er wollte mich verlassen, und er versuchte wohl auch zu vergessen, was er jetzt wusste. Aber es funktionierte nicht. Es war, als wäre ich von Grund auf und für immer eine andere Frau für ihn geworden. Er begann mich schlecht zu behandeln, und das tut er seitdem. Wenn wir uns streiten, kann er die übelsten Dinge über meinen losen Lebenswandel sagen. Er wirft mir Dinge an den Kopf, die keine Frau zu hören bekommen sollte.«

»Was sagt er zu dir?«

»Jeder Streit endet damit, dass er mich Hure nennt.«

Olof schließt die Augen. Dann holt er tief Luft.

»Ihr müsst euch scheiden lassen.«

»Das kommt überhaupt nicht infrage. Sven verlässt niemanden, und niemand verlässt Sven.«

Das erklärt Svens Verhalten gegenüber Karin. Olof ist daraus bisher nicht schlau geworden. Manchmal ist Sven ihr gegenüber freundlich, sogar zärtlich. Dann wieder verhält er sich geradezu brutal.

Olof schaut zur Decke, ihm wird plötzlich klar, wie nah Sven ist. Nur anderthalb Meter über ihnen sitzt er in seinem eleganten Dreiteiler und schreibt an seinem nächsten sehnlich erwarteten Werk, und unter den Fußbodenbrettern, die ihn tragen, liegt seine Frau und küsst einen anderen.

»Verachtest du mich jetzt?«, fragt Karin.

»Wieso?«

»Weil ich ein loses Frauenzimmer bin. Ich bin unrein.«

Olof lacht. Er käme gar nicht auf den Gedanken. Er verachtet sie nicht, er liebt sie. Eine große Anzahl verschiedener Wortkombinationen präsentiert sich gleichzeitig vor seinem Inneren, Wortfolgen, die alle irgendwie nicht hinreichen, angefangene Sätze ohne Schluss, Satzenden ohne Anfang reihen sich aneinander in all ihrer Pracht, aber keiner kommt ihm über die Lippen. Es ist, als suche er nach der Sprache, als habe er sie von Grund auf vergessen. Er durchwühlt sein Gedächtnis nach Formulierungen, die er schon mal verwendet hat, aber er findet nichts.

»Sag etwas«, bittet sie ihn.

Er schließt die Augen. Es vergehen ein paar Sekunden.

»Ich würde alles für dich tun«, sagt er.

Wieder verstummt Svens Schreibmaschine. War das ein Stühlescharren, oder bilden sie es sich nur ein? Waren da Schritte? Die Schreibmaschine schweigt. Es vergeht viel zu viel Zeit.

»Schnell«, sagt Karin. »Du musst weg hier.«

Olof läuft aus dem Zimmer, und gerade, als er die Tür hinter sich zuzieht, taucht Svens Gestalt ganz hinten im Korridor auf. Es handelt sich nur um eine halbe Sekunde. Aber er glaubt, er hat es noch geschafft. Sie gehen aufeinander zu, raschen Schrittes aus ihren jeweiligen Richtungen.

»Herr Lagercrantz«, sagt Sven, als er an ihm vorbeikommt.

»Herr Stolpe«, erwidert Olof.

Es ist unmöglich, ihn zu durchschauen. Sein ausdrucksloses Gesicht. Kein Ansatz eines Lächelns, aber auch nicht die Spur des Gegenteils. So unglaublich kühl. Olof eilt weiter durch den Korridor, an der Treppe vorbei, die zum Turmzimmer führt und hinaus in den lichtdurchfluteten Innenhof. Er passiert Svens und Karins

Fenster, blickt zu dem Zimmer auf, in dem er gerade noch gelegen hat. Plötzlich taucht Sven zwischen den Vorhängen auf. Er schaut kurz hinaus und schließt dann das Fenster mit einem Knall, der im Innenhof widerhallt.

Olof geht weiter, schlägt entschieden eine unbestimmte Richtung ein. In ihm brodeln die Gefühle, sie sind klar und leicht in Worte zu fassen: Er hasst Sven Stolpe.

KAPITEL 22

27. Juni 1932

Trunken wurde ich. Immer schlimmer. Am Ende hörte ich meine eigene Stimme nicht mehr, dabei schrie ich wie ein Irrer. Karin, die neben mir saß, wurde gleichsam größer und größer, um schließlich den ganzen Raum einzunehmen. Ich ging einigermaßen aufrecht nach Hause. Torkelte in mein Zimmer, wo ich noch immer recht alkoholisiert gewesen sein muss. Ich erbrach auf den Boden, verstreute all meine Sachen um mich herum und stieß mein Sahneglas um. Und so kam ich ins Bett.

Aus Olof Lagercrantz' Tagebuch

»Es ist doch lächerlich von Ihnen, dass Sie nicht zu Ihrem piefigen Frauenbild stehen können!«

Um den Tisch im Sigtuna Stadshotell wird es still. Sven ist sichtlich überrumpelt von der Anschuldigung, denn so ist er noch nie von jemandem angegangen worden, schon gar nicht von einem Studenten wie Olof. Und hier sitzen nicht nur Karin selbst und Olof und

Sven, sondern auch der Literaturkritiker Holger Ahlenius, ebenfalls Stipendiat der Sigtuna-Stiftung, der nervös seine Serviette faltet und auf die Tischplatte starrt.

»Jetzt beruhigen wir uns erst mal wieder«, murmelt Holger.

»Auf gar keinen Fall! Nicht, bevor er sich dazu geäußert hat.«

Ein Schauer überläuft Karin. Sie bereut, dass sie Olof erzählt hat, wie Sven sie behandelt, denn er vermag die Gefühle, die es bei ihm ausgelöst hat, nicht zu verbergen. Vor allem nicht, wenn er so viel Alkohol intus hat. Beim Essen hat sie schweigend beobachtet, wie er immer betrunkener wurde. Während der Vorspeise und während des Hauptgerichts hat er kein Wort gesagt, aber beim Kaffee ging es los. Etwas hat sich in Bewegung gesetzt, das sie nicht mehr aufhalten kann. Sie kann auch den Tisch nicht verlassen, denn das würde Sven merkwürdig vorkommen.

»Ich habe Ihren Roman *Feige* gelesen«, sagt Olof. »Da schreiben Sie über einen Protagonisten, der mit einer einzigen Forderung durchs Leben geht: der nach der Reinheit der Frau. Er ist ein kranker Mann mit kranken Vorstellungen, die aus dem 19. Jahrhundert stammen. Und dieser Mann, dieser Protagonist, sind Sie.«

»Das stimmt nicht«, sagt Sven ruhig. »Es handelt sich um eine fiktive Geschichte, deren Figuren nicht real existieren. Und keine von ihnen hat etwas mit mir zu tun.«

»Aber das ist doch Quatsch!«

»Moment mal«, sagt Holger und wendet sich an Olof. »Sie als Humanist und angehender Magister müssten doch wissen, dass man für einen Roman, den man geschrieben hat, keine derartige Rechenschaft schuldig ist, oder?«

»Ich sage nur zwei Dinge«, erwidert Olof mit etwas ruhigerer Stimme. »Erstens: Der Protagonist im Roman *Feige* leidet an einer Zwangsneurose, die mit einem Mutterkomplex, Frauenhass, Hyperintellektualität, Idealismus, Sexualstörung, Narzissmus, Konservatismus und Wahnvorstellungen einhergeht. Zweitens: Diese Figur gibt es im wirklichen Leben, und sie heißt Sven Stolpe.«

Karin und Holger protestieren lautstark, Sven aber lacht schallend.

»Wo sind Sie nur die ganze Zeit gewesen?«, ruft er aus.

»Wie bitte?«, fragt Olof.

»Endlich kommt Leben in das Bürschchen!«

Olof verstummt. Bleibt eine Weile sitzen. Dann winkt er einem Kellner und hantiert mit Geldscheinen, die er aus verschiedenen Taschen zutage fördert. Er ist fest entschlossen, für alle zu bezahlen. Karin weiß, dass er sich das nicht leisten kann. Er murmelt ein undeutliches Lebewohl und taumelt in die Nacht. Sie blickt ihm hinterher, als er am Fenster vorbeigeht. Die übrigen Gäste im Restaurant kehren zu ihren Gesprächen zurück, die Vorstellung ist beendet. Sven ist aufgedreht.

»Er hat zu viel getrunken, das ist uns allen schon mal passiert. Und doch – was für eine Schärfe! Was für ein Esprit. Er hat mich mit verdammt viel Pathos angegriffen!«

»Er ist Ihnen eine Entschuldigung schuldig, morgen«, sagt Holger.

»Überhaupt nicht. Das darf man von ihm nicht verlangen.«

Karin zieht eine schnelle Schadensbilanz. Zweimal hat Olof versucht, unter dem Tisch ihre Hand zu ergreifen, beide Male hat sie sie rasch weggezogen. Beim zweiten Mal, kurz bevor er gegangen ist, glaubt sie, dass Holger es bemerkt hat. Sie ist seinem Blick begegnet, er hat sie mit einer Art stillem Entsetzen angeschaut und sich anschließend schnell abgewendet. Das eisige Gefühl im Körper will nicht weichen. Wie konnte Olof so unvorsichtig sein? Wie konnte er sie so einer Gefahr aussetzen? Sven scheint nichts bemerkt zu haben, aber es ist nicht schwer zu erraten, auf wessen Seite Holgers Loyalität liegt.

Karin weiß nicht, wie sie das noch ertragen soll, sie ist nicht für so etwas gemacht. Permanent läuft sie mit einem Gefühl wachsender Angst herum. Ein doppeltes Spiel, das nicht nur dazu führt, dass sie sich selbst verachtet, sondern das noch dazu gefährlich ist. Heute Morgen beim Frühstück kam eine Autorin auf sie zu, mit der sie sich bisher nur einmal kurz unterhalten hat. »Seien Sie vorsichtig«, hat sie lächelnd gesagt, bevor sie verschwand. Karin stand mitten im Frühstücksraum und zitterte. Hat sie sie gesehen, als sie in den Wald gegangen sind? Oder wie Olof sich in ihr Zimmer geschlichen hat? Oder hat sie eines der vielen Male mitbekommen, als sie einander in einem leeren Korridor oder hinter einer Hausecke verstohlen geküsst haben? Plötzlich wird die ganze Stiftung zu einem unsicheren Ort, jedes Lächeln erscheint ihr vielsagend, ein »wir wissen, was ihr tut, aber wir verraten nichts«. Jemand hat sie merkwürdig angeschaut, jemand anderes war seltsam kurz angebunden – sie wissen es! Bald wird einer sie verraten.

Sie brechen auf und fahren im Chrysler zurück, den Sven vor dem Hotel geparkt hat. Sven sitzt am Steuer, und es ist keine schöne Fahrt, aber sie kommen heil nach Hause. Er absolviert eine schnelle Abendtoilette und schläft sofort ein, aber sie liegt im Dunkeln wach.

Das Klügste wäre, sofort alles zu beenden. Noch ist ihre Affäre unschuldig. Sie haben nicht miteinander geschlafen. Dabei könnten sie es belassen, in zehn Jahren könnte sie es als ein paar seltsame Tage in der Sigtuna-Stiftung abtun, in denen sie nicht ganz Herrin ihrer Sinne war. Bei dem Gedanken, Schluss zu machen, fühlt sie sich plötzlich erleichtert. Es ist ein Fenster, das sich auftut, eine Befreiung – es ist vorbei –, aber sie weiß, dass es so nicht kommen wird. Wenn sie sich nämlich tatsächlich vorstellt, ohne ihn zu sein, wird ihr schwindlig, und es fühlt sich an, als fiele sie durch sich selbst hindurch.

Karin schläft in dieser Nacht keine Minute, durch die dünnen Vorhänge des Schlafzimmerfensters beobachtet sie Hunderte Variationen von Morgenlicht. Als sie aufsteht, ist es halb sieben. Sie weiß, dass Sven lange schlafen wird, das tut er immer, wenn er getrunken hat. Sie geht zu Olofs Zimmer hinunter. Die Tür steht einen Spaltbreit offen. Er liegt auf dem Bett und schläft, auf der Bettdecke. Spuren von Erbrochenem auf dem Boden, überall Kleidungsstücke. Sie küsst seine Lider, bis er erwacht.

»Ich wollte nicht, dass du allein aufwachst«, sagt sie.

Er setzt sich auf, versucht sich zu orientieren.

»Ich dachte, du würdest wahnsinnige Angst haben, wegen dem, was gestern passiert ist.«

Und sie liegen nebeneinander, reden kaum, lauschen auf das Gebäude, das langsam erwacht.

»Was soll aus uns werden?«, fragt sie.

»Ich weiß es nicht«, antwortet er. »Wir haben abgehoben. Aber wir wissen noch nicht, wo wir landen.«

»Ich habe Angst«, sagt sie.

»Hab keine Angst«, sagt er. »Das ist nicht erlaubt.«

KAPITEL 23

Das Sigtuna Stadshotell ist heute eines der wenigen Fünf-Sterne-Hotels in Schweden. Man erkennt es an dem großen Schild am Eingang, aber ansonsten merkt man davon nichts. Ich gehe um das Gebäude herum, sehe mich um, komme am Lounge-Teil vorbei, wo uralte Menschen schweigend dasitzen und einander betrachten, während sie ihren Afternoon-Tea trinken. Ich begebe mich an die Rezeption. Ein Mann steht dort und ist vollauf damit beschäftigt, etwas zu tun, das wie Nichts-Tun aussieht. Ich warte, und schließlich blickt er verärgert auf, und ich darf eine Frage stellen.

»Wenn man hier im Jahr 1932 zu Abend gegessen hat – wo saß man da?«

»Ja, also jedenfalls nicht im Speisesaal.«

»Nicht? Wo dann?«

»Nein, nein, der Speisesaal wurde erst viel später gebaut.«

»Verstehe.« Ich mustere ihn forschend. »Können Sie mir denn sagen, wo man stattdessen saß?«

»Also wissen Sie«, sagt er und lacht. »Ich habe hier momentan sowohl die Rezeption als auch die Bar zu betreuen, da kann ich mich nebenbei nicht auch noch über Geschichte unterhalten.«

Er kramt eine Broschüre mit ein paar alten Fotos vom Hotel heraus und reicht sie mir. Ich finde nichts Verwertbares darin, und als ich wieder aufblicke, ist der Mann fort. Also betrete ich den Restaurant-Bereich. Eine Frau mittleren Alters, die im Speisesaal arbeitet, kommt vorbei.

»Entschuldigung, ich würde gern wissen, wo früher das Restaurant des Hotels untergebracht war.«

Sie lacht.

»Ach, keine Ahnung«, sagt sie fröhlich und verschwindet mit ihren Tellern in der Küche.

Ich verlasse das Hotel und setze mich wieder ins Auto. Mein Roadtrip auf Karins und Olofs Spuren hat nicht besonders vielversprechend begonnen. Aber ich hatte mir auch keine allzu großen Hoffnungen gemacht, was das Sigtuna Stadshotell angeht. Ich wollte den Ort sehen, wo die drei gegessen haben, als Olof seinen Wutanfall bekam, aber wahrscheinlich spielt er eigentlich gar keine Rolle. Ich muss weiter. Es ist vor allem der nächste Stopp, auf dem meine Hoffnungen ruhen.

Ich gebe Wärsta Gård in Skokloster ins Navi ein und fahre in nordwestliche Richtung. Wenn ich Glück habe, werde ich dort etwas finden, das alle Zweifel ausräumt. Ich weiß aus Olofs Tagebuch, dass er, Karin und Sven am 28. Juni 1932 einen Ausflug dorthin gemacht haben. Und ich weiß, dass das Personal vom Besuch des berühmten Sven Stolpe so beeindruckt war, dass es das Trio fragte, ob man vielleicht ein Bild von ihm machen dürfe, um es einrahmen und aufhängen zu können. Soweit ich weiß, wurde tatsächlich ein Foto gemacht, und wenn dieses Bild sich noch dort befindet, ist es das einzige, auf dem die drei zusammen zu sehen sind. Ich habe in den vergangenen Tagen so viel über dieses Drama gelesen, dass ich mich sehr danach sehne, den Beteiligten endlich auch einmal ins Antlitz zu blicken. Ein Bild würde mir alles bedeuten. Ich will wissen, wie sie aussahen, will ihre Gesichtsausdrücke deuten, herausfinden, ob Spuren von Spannung zwischen ihnen erkennbar sind. Lächeln sie auf dem Foto, legen sie die Arme umeinander, kann man ihren Blicken Begehren, Misstrauen, Angst ablesen?

Karin und Olof leben schließlich Tag und Nacht damit; die Einsätze im Spiel ihrer heimlichen Beziehung erhöhen sich permanent. Es gibt keinen Weg mehr zurück. Am Morgen nach Olofs Auftritt im Sigtuna Stadshotell, als Karin sich zu ihm schleicht, begeht sie den ultimativen Ehebruch. Sie schlafen miteinander. Auch wenn Olof natürlich nicht diesen Ausdruck benutzt, er spricht in seinem Tagebuch von »verschmelzen«.

Wenn ich lese, wie Olof die Ereignisse dieses Morgens beschreibt – Karin will sich nicht vor ihm ausziehen, und er muss im Badezimmer warten, bis sie fertig ist –, wird mir seltsam zumute. Vielleicht, weil sie meine Großmutter war und bestimmt nicht gewollt hätte, dass ich darüber etwas erfahre. Karin Stolpe war integer. Wenn ich lese, was sie in ihren Briefen schreibt und wie Olof sie beschreibt, fällt mir auf, wie felsenfest sie die ganze Zeit auf Wahrhaftigkeit sich selbst und ihm gegenüber beharrt. Und so ist sie mir auch in Erinnerung geblieben – selbst nach all den Jahren der Demütigungen durch Sven. Sie hatte Selbstachtung. Sie wurde zwar von ihm klein gemacht, erhielt sich aber eine Art Würde. Sie schrumpfte mit geradem Rücken. Und wenn ich nun im Begriff stehe, Anteil an den intimsten Momenten ihres Lebens zu nehmen, spüre ich, dass es nicht für mich bestimmt ist, das zu lesen. Umso erleichterter bin ich, feststellen zu können, dass Olof das genauso sieht. Über die Verschmelzung selbst liefert er kein einziges Detail. Es ist, als empfände er diesen Moment als zu privat, selbst für sein Tagebuch. Er gehört ihm ganz allein.

Anschließend beschreibt er, wie sie mit dem Kopf auf seiner Brust im Bett liegt. Er fragt sie, ob sie es bereue. Sie sagt, das tue sie nicht. Und dann richtet sie sich halb auf, sieht ihn an und sagt: »Habe ich denn kein Recht auf Leben?«

Weiter schreibt Olof nichts darüber, er stellt nur kurz fest: »Von jetzt an ist mein Leben ihr geweiht.«

Gleichzeitig hat Sven Witterung aufgenommen. Olof hat das Gefühl, dass er plötzlich seltsam alert ist, seine Frau auf neue Weise überwacht – und dass er dabei besonders auch auf ihn ein Auge hat. »Heute war Sven ziemlich schroff mir gegenüber, und unsere Blicke haben sich manchmal in so feindseliger Weise getroffen, dass ich das Schlimmste befürchte«, schreibt er am Abend in sein Tagebuch.

In dieser Stimmung, geprägt von Leidenschaft, Angst und Misstrauen, unternimmt das Trio an jenem Nachmittag, nur Stunden nach Olofs und Karins erstem Schäferstündchen, eine Ausfahrt nach Wärsta Gård, und es sind diese Gefühle, die ich auf dem Foto, dem ich hinterherjage, widergespiegelt sehen möchte.

Ich nähere mich dem Anwesen, laut Navi sind es nur noch hundertfünfzig Meter. Ich halte neben einem alten Metallschild mit großen Buchstaben: Wärsta Gård. Ich steige aus und gehe ein paar Schritte, irgendetwas stimmt hier nicht. Ich trete näher; wo das Haus eigentlich stehen müsste, ist von einem Gebäude keine Spur.

Ich gehe noch ein wenig näher heran. Blicke auf nichts. Schwarze Erde, Asche und Steine zu meinen Füßen.

Das Lokal ist bis auf seine Grundmauern niedergebrannt.

KAPITEL 24

28. Juni 1932

Bin lange in meinem Zimmer auf und ab gegangen und habe vor mich hin gelacht. Und plötzlich lief mir etwas die Wangen hinunter. Es waren Tränen. Ich weinte vor Glück und vor Angst. Bin wie von Sinnen. Und Wunder über Wunder: Ich stehe nicht mehr außerhalb meiner selbst und betrachte mich kalt und zynisch. Ich bin jetzt nur noch eines: ein Tor, der Karin Stolpe liebt.

Aus Olof Lagercrantz' Tagebuch

Es ist der heißeste Tag des Jahres. Sie haben die Scheiben des Chryslers heruntergekurbelt und brausen durch den Sommer. Von Sigtuna aus geht es in nordwestlicher Richtung nach Skokloster, wo sie am späten Nachmittag ankommen. Sie fahren durch das kleine Dorf und erreichen schließlich das mächtige Schild aus Metall, das verkündet, dass hier der Gasthof Wärsta Gård ist. Sie sind zu dritt im Auto, Karin und Sven und auf der Rückbank Olof.

»Nimm Olof doch mit, wenn du möchtest«, hat Sven am Vormittag gesagt, und sie versuchte, so natürlich und unbekümmert zu antworten wie möglich. »Ich kann ihn ja fragen, ob er schon etwas vorhat.« Karin stutzt wegen seiner Wortwahl, dass Sven ihr erlaubt, »Olof mitzunehmen«, wenn sie möchte. Als wäre ihm aufgefallen, dass er ihr gefällt, und er wolle sie herausfordern.

Das riskante Spiel wird noch einmal gefährlicher.

Sie parken vor dem Gasthaus und setzen sich an einen Tisch auf der Terrasse. Karin entschuldigt sich und sucht die Toilette.

Als sie hineingeht, begegnet ihr im Flur eine Putzfrau, die auf allen vieren den Boden wischt. Plötzlich wird Karin schwindlig. Sie muss stehen bleiben und sich an der Wand abstützen. Sie senkt den Kopf und schließt die Augen. Der Geruch nach Seife versetzt sie in den Keller in Kopenhagen zurück. Zum Engelmacher in der weißen Schürze, an der er die Spuren seiner Arbeit von einem Zimmer ins nächste trug. Das rote Gummi der Gebärmutterspritze. Das vernickelte dünne Röhrchen, das im matten Licht glänzte. Wie er voller Stolz referierte: »Es handelt sich hier um den modernsten Spülapparat.« Wörter, die sie noch nie zuvor gehört hatte und die sie nie wieder vergessen wird. Scheidenspülrohr. Lavementspritze. Wie er einen weiteren Aufsatz hochhielt, den man einsetzen konnte, wenn gar nichts anderes half – eine lange Metallspitze, um den Fötus »durch

Stiche« zu verletzen. Wie er sich näherte, vertraulich wurde, als er sagte, er müsse auch die Risiken erwähnen.

Infektion der Gebärmutter.

Scheidenperforierung.

Dass Luftblasen in den Blutkreislauf gelangen könnten.

Die pädagogisch wirkende Eindringlichkeit des Engelmachers. Zunächst würde er Seife in die Gebärmutter spritzen, sagte er und deutete auf eine Anordnung von Flaschen auf dem Tisch. Und dann würden sie zu Schmierseife übergehen. Er deutete auf die anderen Gefäße.

»Ist alles in Ordnung, Liebes?«

Sven ist ihr gefolgt und legt jetzt eine Hand auf ihre Schulter.

»Ja, ja«, sagt sie, »mir war nur ein bisschen schwindlig.«

Sie nehmen ein rasches Abendessen ein, und als sie wieder ins Auto steigen wollen, um zur Stiftung zurückzufahren, sagt Sven zu Karin: »Es ist unserem Ausflugsgast gegenüber schon sehr unhöflich, ihn allein hinten sitzen zu lassen. Leiste ihm auf dem Rückweg doch bitte Gesellschaft.«

Es ist schon spät, und Svens Auto hat keine guten Scheinwerfer, deshalb will er schnell nach Hause, bevor es Nacht wird. Karin und Olof haben sich möglichst weit voneinander entfernt auf der Rückbank niedergelassen. Vorsichtig legt Karin die Hand zwischen sich und ihm auf den Sitz. Mit der Handfläche nach oben streckt sie sie zu ihm aus. Er legt seine Hand in ihre. Beide blicken stur geradeaus, während sie einander die Hände streicheln. Sven fährt schnell und konzentriert, Karin stellt fest, dass er manchmal auf bis zu hundertzwanzig Stundenkilometer beschleunigt. Jedes Mal, wenn Sven einen Blick in den Rückspiegel wirft, durchfährt sie ein Stoß. Ihr kommt es vor, als sehe er sie direkt an.

»Fahr nicht so schnell«, bittet sie ihn.

»Wir müssen nach Hause, bevor es dunkel ist«, sagt er.

Jetzt ist es still im Auto. Olof und Karin verflechten ihre Finger und halten sich so fest, dass ihre Knöchel weiß hervortreten. Ein weiterer Blick von Sven in den Rückspiegel. Das Licht ist schwach, Karin sieht alles nur verschwommen, aber als Sven noch einmal in den Rückspiegel schaut, ist sie sich sicher: Sven blickt nicht auf die Straße hinter sich. Er blickt sie scharf an, immer wieder und wieder. Das Ganze erscheint ihr beinahe paranormal, sie weiß nicht mehr, was wahr ist und was nicht, was sie wirklich sieht und was Einbildung ist.

Sie fahren weiter. Die Wälder um sie herum werden dunkler.

Svens Blick im Rückspiegel.

»Was macht ihr da?«, fragt Sven.

Sie lassen sich sofort los. Richten sich auf. Svens dunkle Augen hinter der dünnen Brille. Karin denkt noch: Jetzt ist es vorbei.

»Redet!«, ruft Sven. »Unterhaltet mich!«

KAPITEL 25

29. Juni 1932

Würde Sven etwas ahnen, würde er Karin gegenüber gewalttätig werden. Ach, er ist ein Untier, dieser arme Mensch. Ich wünschte, er würde bald sterben. Er ist so unglücklich, unglücklicher als irgendjemand sonst. Möge der Herr ihm beistehen.

Aus Olof Lagercrantz' Tagebuch

»Ich weiß nicht, wie lange ich das noch aushalte«, sagt Karin. Sie blickt sich nervös um. »Es zerreißt mich.«

Olof lächelt, scheint aber nicht zu wissen, wie er sie trösten soll. Er weiß ja auch keinen Rat. Sie will seine Hand nehmen und kann nicht. Sie sitzen im abendlich verlassenen Speisesaal und trinken Kaffee. Karin mag es nicht, sich so öffentlich mit ihm zu treffen, aber sie sind übereingekommen, dass es weniger Misstrauen erweckt, als wenn sie durch die Flure schleichen und sich verstecken. Sven scheint akzeptiert zu haben, dass sie und Olof eine freundschaftliche Beziehung haben. Dennoch kann Karin sich nicht entspannen. Als jemand vom Personal die Kerze anzündet, die zwischen ihnen auf dem Tisch steht, löscht sie sie rasch wieder. Es macht keinen guten Eindruck, wenn sie bei Kerzenlicht zusammensitzen. Sie unterhalten sich flüsternd, obwohl ihnen klar ist, dass es Fragen aufwerfen würde, wenn jemand sie so sähe. Sobald jemand vorbeikommt, zuckt Karin zusammen und fühlt sich schuldig.

Plötzlich steht Sven in der Tür und betrachtet sie. Olof reagiert blitzschnell.

»Kommen Sie doch rüber und helfen Sie uns weiter«, sagt er munter. »Wir streiten uns gerade darüber, wer der größere Dichter ist, Fröding oder Karlfeldt.«

»Und was sagt Karin dazu?«, fragt Sven.

Karin ist völlig überrumpelt.

»Tjaa …«, sagt sie. »Karlfeldt, würde ich sagen.«

»Aber du hast doch noch nie etwas von ihm gelesen?«

»Doch«, erwidert Karin.

»Ich habe dich nie etwas über Karlfeldt sagen hören.«

»Kommen Sie jetzt rüber oder nicht?«, fragt Olof.

Sven mustert sie. Ausdruckslos.

»Ich bin müde, ich muss schlafen«, sagt er und geht.

Karin und Olof bleiben aufgewühlt sitzen und diskutieren flüsternd, was gerade geschehen ist und was er gehört haben könnte.

»Ich sollte jetzt auch lieber gehen«, sagt Karin.

»Aber nicht sofort«, sagt Olof. »Sonst wirkt es noch verdächtiger.«

»Doch, ich muss«, sagt sie. »Ich versuche später noch mal zu dir zu kommen.«

Sie eilt über den Korridor, und als sie ihr Zimmer betritt, hört sie ihn im Bad, er macht seine Abendtoilette. Sie setzt sich auf die Bettkante und lauscht auf die Geräusche, die durch die dünne Tür dringen. Sie lauscht auf Anzeichen von Wut, als er die Waschschüssel füllt und sich Wasser ins Gesicht wirft, als er sich Arme und Achselhöhlen wäscht, erst mit Seife und dann mit Wasser, um sie abzuwaschen. Als er sich die Zähne putzt, einen Schrank öffnet und schließt, sich den Mund unnötig lange mit Wasser ausspült und dann ausspuckt, um dasselbe noch mal zu tun.

Endlich kommt Sven aus dem Bad, und ihre Blicke treffen sich kurz, als sie aneinander vorbeigehen. Er wirkt nicht wütend. Seine Augen sind ausdruckslos. Als sie gerade die Badezimmertür hinter sich schließen will, hält er diese fest und öffnet sie weit. Sie sehen einander an.

»Wenn du mir jemals untreu bist, werde ich als Erstes ihn erschießen. Dann dich. Und zuletzt mich selbst.«

KAPITEL 26

1988

»… und führe uns nicht in Versuchung, sondern erlöse uns von dem Bösen. Denn dein ist das Reich und die Kraft und die Herrlichkeit in Ewigkeit. Amen.«

Ich glaube, jetzt kann ich das ganze *Vaterunser* auswendig.

Oma hat mir den Text mit dünnem Bleistift auf einen Zettel geschrieben, den ich umgedreht auf den Küchentisch gelegt habe. Sie will, dass ich es lerne. Man bräuchte nicht jeden Sonntag in die Kirche zu gehen, meint sie, aber dieses Gebet sollte man können. Meine Großeltern machen Mittagspause, und ich sitze mit dem Zettel in der Küche, schließe die Augen und sage mir den Text immer wieder im Kopf vor. Warte, dass sie aufwachen. Die Zeit wird mir lang, sie ist stehen geblieben, es ist still im Haus.

Ich gehe in den Flur und öffne die Tür zum Esszimmer. Es fühlt sich an, wie in eine kalte Wand zu laufen. Oma schaltet während des Winterhalbjahres in der Hälfte des Hauses die Heizung aus, um Strom zu sparen. Ich spüre die Kälte an den Wangen, und wenn ich zu lange nur mit Socken auf den Fliesen stehe, friere ich an den Beinen. Ich gehe an dem enormen Esstisch für zwanzig Personen vorbei. Hier werden die großen Familienessen abgehalten. In der Ecke steht der abgeschlossene Barschrank, in dem Großvater seine feinsten Tropfen aufbewahrt. Bei jeder Einladung, wenn Großvater mit dem Essen zufrieden ist und sagt »dazu *br-r-r-raucht* man ja geradezu einen …« und aufsteht und mit den Schlüsseln klimpert, jubeln die Gäste.

Ich gehe weiter einen Wirtschaftsgang entlang, mit Fenstern zum Garten. Der Frost kriecht durch die Glasscheiben. Ich gelange in die Bibliothek, hier herrscht eine andere Kälte, trockener. Ich schalte den großen Kronleuchter an der Decke ein und blicke über die Bücherregale, die sich an den Wänden entlangziehen, bis zur Bücherleiter, die Großvater immer benutzt, wenn er die schwer zugänglichen Bücher unter der Decke erreichen will. Ich steige sie hinauf. Das Holz knackt, die Konstruktion neigt sich ein bisschen nach links. Fünf Sprossen, dann bin ich ganz oben. Jetzt bin ich den Buchrücken ganz nah, kann die Titel erkennen. Nur Bücher auf Französisch hier oben. Und da drüben ist die deutsche Abteilung. Großvater sagt, es gebe hier zwölftausend Bücher, aber ich weiß nicht, das klingt viel.

Ich gehe zu dem Sekretär aus dunklem Holz, der neben der kleinen Sitzgruppe steht. Rasch blicke ich mich um, um mich zu vergewissern, dass mich niemand beobachtet, dann öffne ich die mittlere Schublade. Ganz unten drin liegt eine kleine Decke, und unter der kleinen Decke der Revolver. Ich wiege ihn in der Hand. Er ist schwer und kalt. Der Kolben ist rau und der Stahl blank, genau wie im Film. In der Schublade befindet sich außerdem eine kleine Pappschachtel mit Patronen. Ich nehme eine heraus. Sie ist seltsam schwer, es ist geradezu ein Wunder, wie etwas, das so klein ist, so schwer sein kann. Ein Vogel läuft draußen im Schnee herum, und ich ziele auf ihn. Ich empfinde eine Erregung, die ich selbst nicht richtig verstehe.

Niemand weiß, dass ich den Revolver gefunden habe. Jedes Mal, wenn ich zu Besuch bin, hole ich ihn heimlich heraus. Es ist das größte Geheimnis, das ich habe. Ich denke viel darüber nach. Warum hat Großvater eine Pistole? Wozu benutzt er sie? Aber ich habe niemanden, mit dem ich darüber reden kann, traue mich nicht, es jemandem zu erzählen.

Plötzlich geht das Rumpeln durchs Haus. Der elektrische Stuhl ist auf dem Weg nach unten. Rasch stopfe ich den Revolver in die Schublade zurück und laufe in die Küche.

KAPITEL 27

30. Juni 1932

Ich begriff, wie leicht es mir fallen würde zu sterben, wenn sie nicht mehr lebte. Jederzeit kann ich für sie sterben.

Aus Olof Lagercrantz' Tagebuch

Sven kratzt sich an den Händen. Rasche Bewegungen wie ein Tier, mit Mittel- und Zeigefingernagel über Knöchel und Handrücken. Das tut er immer, wenn er nervös ist. In nur wenigen Minuten wird er vor den Stiftungsgästen aus dem Stück lesen, das er in den vergangenen Tagen fertiggestellt hat. Das Turmzimmer wurde in ein Auditorium verwandelt, Stühle wurden herbeigeschafft und in engen Reihen zur improvisierten Bühne hin ausgerichtet. Sven geht auf und ab und erteilt dem Personal Anweisungen, das nickt und in alle Richtungen davonstiebt.

»Du wirst hier sitzen«, sagt Sven zu Karin und zeigt auf einen Stuhl direkt neben seinem. Auf einen Zettel am Stuhlrücken hat jemand ihren Namen geschrieben, und sie freut sich – ein Ehrenplatz. Sie setzt sich und schaut zu, wie die Gäste sich zögernd im Raum verteilen. Über das Stück weiß sie nur, dass es den Arbeitstitel *Opfer* trägt, das ist alles. Mehr hat Sven ihr nicht darüber sagen wollen.

Olof betritt als Letzter den Raum. Alle Stühle sind bereits besetzt, und so stellt er sich an die Wand schräg hinter der Bühne. Er trägt ein weißes Hemd, dessen Ärmel er hochgekrempelt hat, wie er es häufig tut, wenn er an der Schreibmaschine sitzt, damit die Manschetten sich nicht in den Tasten verfangen. Auf die Wand, an der Olof steht, fällt Abendsonne. Karin sieht Sven an, der sich im Vordergrund auftürmt und ein letztes Mal sein Manuskript durchgeht, eine Gestalt mit unscharfen Konturen in der körnigen Dämmerung. Und dahinter Olof, in einem Licht, als würde er brennen. Er steht in der Ecke und füllt doch den ganzen Raum. Seine eisblauen Augen, die neugierig alles um ihn herum betrachten. Er entdeckt sie und lächelt, hebt unmerklich die Hand zum Gruß. Sie lächelt ebenfalls und nickt ihm kurz zu.

Das Murmeln und Stühlerücken verstummt, als Sven sich räuspert und zu lesen beginnt. Das Stück handelt von einem jungen Mann, der gerade bei einer großen Zeitung einen Job als Kolumnist angenommen hat. Eines Tages verfasst er eine Brandschrift über den Verfall der Sexualmoral, in der er betont, wie wichtig es sei, die Forderung des Mannes nach der Reinheit der Frau wieder ernst zu nehmen. Für diesen Text, der sich schnell verbreitet, wird er gelobt und als Nationalheld verehrt. Es zeigt sich jedoch, dass er selbst Opfer der neuen Dekadenz geworden ist – seine Verlobte hat eine Affäre mit einem anderen Mann gehabt und ist schwanger geworden. Das Kind wird in einer Abtreibungsklinik in Kopenhagen beiseitegeschafft.

Es dauert, bis es bei Karin ankommt.

Sie lauscht, sie erfasst die Wörter und Zusammenhänge, aber es ist, als begreife sie nicht, was geschieht. Sie kann es einfach nicht glauben. Dass er ihr das antun kann. Nacheinander werden alle Details der Abtreibung, die sie erlebt hat, vor den Zuhörern im Turmzimmer ausgebreitet. Besondere, intime Erinnerungen, die sie Sven weinend erzählt hat, nachdem er sie lange unter Druck gesetzt hat. Sie versteht alles, und kann es doch nicht begreifen. Ist das real? Tut er ihr das wirklich an?

Und plötzlich passiert es wieder. Ihr Herz klopft schneller, sie verliert die Orientierung, und die Wirklichkeit gibt plötzlich nach, sie verschwindet Stück für Stück. Karin schaut auf die Maserung des Holzfußbodens. Folgt dem Weg einer Ameise über eine Diele. Die Ameise ist real und gibt den Ausschlag – solange Karin sie sieht, ist die Welt noch vorhanden. Svens trockene Stimme, während er von ihrer Trauer vorliest, ganz nah und doch weit entfernt. Und die Erinnerungen, wie Fotografien in ihrem Inneren. Sie liegt auf dem Rücken auf einer Pritsche, ihr wird gesagt, sie müsse so liegen. Sie starrt zur Decke. Es gibt keine Uhr und keine Fenster. Sie weiß, dass es Morgen ist, wenn man ihr Frühstück bringt, und sie weiß, dass es Vormittag ist, wenn sie eine weitere Spritze bekommt und wenn sie sie mit sterilen Kompressen füllen. Alles andere verschwimmt, die Verwirrung wächst. Sie liegt auf dem Rücken, denkt, die Decke wäre ein bewölkter Himmel – der Wasserschaden in der einen Ecke ist ein herannahendes Gewitter. Sie beginnt zu fantasieren, die ganze Zeit zwischen Wachen und Traum. Ein Eimer Wasser wird über den Steinfußboden unter ihr gegossen. Jemand schrubbt es mit einer Scheuerbürste fort. Sie stützt sich mit den Armen am Bett ab, um zu schauen. Matsch und Blut auf dem Boden, die Flüssigkeit rinnt in den Abfluss. Sie wird wieder hingelegt. »Sie müssen sich ausruhen«, sagt eine Frau und verschwindet. Und dann ist sie allein mit den Geräuschen. Dem Weinen der Frauen. Den Krankenschwestern, die sich auf dem Flur flüsternd über die Patientinnen unterhalten. Wassereimer, die über die Steinfußböden in den Zimmern neben ihr ausgeschüttet werden. Tage vergehen. Und dann plötzliche Unruhe. Sie glaubt, sterben zu müssen, dass deshalb mit einem Mal so viele in ihrem Zimmer sind – es kommt ihr vor, als kämpften sie darum, ihr Leben zu retten. Sie versucht zu sprechen, aber kein Laut dringt über ihre Lippen. Sie schaut zur Decke und spürt Hände in ihrem Leib. Dann ist es vorbei. Der Engelmacher fragt sie, ob sie den Fötus sehen will, und sie weint und schüttelt den Kopf und denkt, wenn er sie jetzt zwingt, dann überlebt sie das nicht. Es wird ihr erspart. Wasser auf dem Boden, jemand wischt etwas in den Abfluss.

Sven liest vor dem andächtig lauschenden Publikum über Dinge, die für niemand anderen gedacht gewesen sind. Sie muss eine Möglichkeit finden, zu sich zurückzukehren, einen Halt für ihre Füße zu finden. Kleine Bausteine von Wirklichkeit, die wiederhergestellt werden, bevor es zu spät ist. Sie schaut zu Olof. Da steht er mit seinem schönen Blick und sieht sie mit sanftem Lächeln an. Sie bemerkt, dass er weint. Lautlos und still. Und erst da, als ihr klar wird, dass er für sie weint, kann sie endlich Selbstmitleid empfinden. Es öffnet sich ein Kanal direkt in ihre Kindheit. Seine Tränen machen sie so verzweifelt hilflos, denn es ist, als würden sie sagen: Du darfst traurig sein, Karin. Du hast jedes Recht dazu. Wer würde bei so etwas stark bleiben können?

Da ist auch sie dem Weinen nahe, und sofort wird sie wütend auf sich selbst. Sven darf sie nicht zusammenbrechen und weinend hier rauslaufen sehen. Sie wird ihm keine Szene schenken, die er anschließend gegen sie verwenden kann. Jetzt gilt es, stark zu bleiben.

Sven liest immer langsamer, je näher es auf das Ende zugeht, mit hoher Intensität. In der letzten Szene erwürgt der Held seine untreue Frau. Aber Karin geht nirgendwo hin, sie bleibt auf ihrem Stuhl sitzen und schaut zu Boden, verrät sich nicht mit einer Miene, abgesehen von den Tränen, die ihr langsam die Wangen hinunterrinnen.

KAPITEL 28

Ich betrachte das gerahmte Foto von Sven Stolpe, das bei mir im Wohnzimmer hängt. Scharf ausgeleuchtet steht er am Fuße eines Hügels und starrt ausdruckslos in die Kamera. Ich starre zurück. Das Bild, das ich von diesem Mann hatte, hat sich verändert. Die lustigen Anekdoten fühlen sich immer mehr wie anachronistische Inseln in einem schwarzen Meer an. Je mehr ich über ihn herausfinde, desto schwerer fällt es mir, an dem Foto vorbeizugehen, ohne Unbehagen zu empfinden. Ich hatte gedacht, dieses Projekt könnte ein Weg zur Versöhnung werden oder zumindest zu einem besseren Verständnis, aber er entzieht sich mir mehr und mehr, wird mir immer unbegreiflicher. Ich schaue das Foto an, und plötzlich fühle ich mich schlecht. Ich habe angefangen, ihn als Menschen zu missbilligen.

Es klingelt an der Tür, und ich blicke auf die Uhr. Wer kommt um halb neun morgens unangemeldet bei mir vorbei? Mein Bruder. Ich bitte ihn in die Küche. Hätte ich gewusst, dass er mich besuchen will, hätte ich aufgeräumt. Der Rest meiner Familie hat sich gerade ins echte Leben hinausbegeben, zur Arbeit, in die Schule, in den Kindergarten, und jetzt stehen mein Bruder und ich vor dem Schlachtfeld, das sie hinterlassen haben. Es sieht aus, als wären Plünderer eingefallen. Müsli knirscht unter den Füßen, kleine Zahnabdrücke zieren Toastbrote, die mit der bestrichenen Seite nach unten auf der Tischdecke liegen geblieben sind, Cornflakes sind mit der Milch in der Schüssel zu einer Einheit verschmolzen, butterfleckige Saftgläser stehen herum. Marmeladenklekse glänzen in der Morgensonne auf dem Boden, und aus dem Kinderkanal des Küchenfernsehers plärren erwachsene Menschen mit Babystimme. Jeden Morgen wird unsere Küche auf dieselbe Weise verwüstet. Und jeden Morgen ist es meine Aufgabe, sie wieder herzustellen. Ich schenke zwei Tassen Kaffee ein und führe meinen Bruder ins Wohnzimmer. Er lässt sich auf einem Sessel nieder, wie man sich in eine Badewanne sinken lässt.

»Was macht die Forschung?«, fragt er.

Er weiß, dass ich mich mit unserer Familie beschäftige. Er empfindet einen leichten Widerwillen dagegen, das war schon immer so. Er will nichts hören, nichts wissen. Und als ich die Bücher über unseren Vater und unsere Mutter geschrieben habe, hat es mehrere Jahre gedauert, bis er den Mut hatte, sie zu lesen. Ich werfe ihm das nicht vor, denn ich weiß ja, dass ich mir gewissermaßen die Deutungshoheit über seine Kindheit erteile. Meine Wahrheit legt sich über seine.

»Woran erinnerst du dich von Großvater?«, frage ich.

»Ich glaube, nicht an viel. Ich bin vier Jahre jünger als du. Ich weiß noch, dass man nicht heulen durfte. Das war das Wichtigste.«

»Ja, daran erinnere ich mich auch.«

»Wenn ich irgendwie traurig war und mir die Unterlippe zu zittern anfing, hat er sofort gefragt: Heulst du jetzt etwa?«

»Woran erinnerst du dich noch?«

Er hält die Kaffeetasse mit beiden Händen, als wolle er sich daran wärmen, und schaut vor sich hin.

»Er hat immer gesagt, alle die anrufen, sind Irre, und ich fand das gruselig. Ich habe es ihm geglaubt.«

»Wie, geglaubt?«

»Ich dachte, es wären wirklich Irre. Und dass sie dann herumschrien. Ich fand das unangenehm.«

Ich lache.

»Er hat Omas Müsli immer Pampe genannt. Das war total lustig, wenn er rief: ›Jetzt zwingt sie mich schon wieder, diese Pampe zu essen.‹«

Wir lächeln beide. Mir fällt auf, dass es erneut die lustigen Geschichten sind, die uns als Erstes in den Kopf kommen. So erinnern wir uns an ihn, an den Exzentriker, den Witzbold, der mit seinen Enkeln Quatsch machte.

»Erinnerst du dich an die Familienessen, wenn alle da waren?«, fragt mein Bruder. »Oma riss sich in der Küche immer den Hintern auf, damit alles fertig wurde. Und dann gab es endlich Essen, alles war schön gedeckt mit dem feinen Geschirr, und nachdem sich gerade alle hingesetzt hatten, stand Großvater auf, faltete seine Serviette zusammen und sagte: ›Jetzt kommt *Dallas*.‹«

»Er ist einfach vom Tisch aufgestanden?«

»Ja, er ist aufgestanden und gegangen.«

»Das war eigentlich nicht besonders lustig.«

»Nein, das war total Scheiße, Oma gegenüber«, sagt mein Bruder. »Ich erinnere mich, dass er zu ihr immer eiskalt war.«

Ich hole den zerfledderten Papierstapel mit Olofs Tagebuchaufzeichnungen und reiche ihn ihm. Und ich erzähle ihm, was ich über die Dinge weiß, die 1932 passiert sind. Die heftigen Wendungen, die leidenschaftliche Liebe zwischen Olof und Karin. Mein Bruder hört genau zu, und als ich fertig bin, schweigt er.

»Hast du das sonst noch irgendjemandem in der Familie erzählt?«, fragt er.

»Ich habe versucht, Kontakt zu Mamas Brüdern aufzunehmen. Ich habe angerufen, und als sie nicht drangegangen sind, habe ich ihnen Briefe geschrieben. Aber keiner von ihnen hat geantwortet.«

»Nee, schon klar«, sagt er und lacht. »Jeder hasst hier jeden, das ist immer noch so.«

Nachdem mein Bruder gegangen ist, setze ich mich mit dem Tagebuch und den Briefen ins Arbeitszimmer. Es ist ein Thriller. Svens Lesung im Turmzimmer. Was anschließend geschieht, ist schwieriger, es ist wie ein

Puzzle, das ich legen muss, und die Teile stammen sowohl aus dem Tagebuch als auch aus den Briefen, in denen die Ereignisse im Nachhinein beschrieben werden. Aber was jetzt passiert, ist entscheidend.

Am selben Abend verlangt Sven, dass Karin mit ihm schläft. Sie weigert sich. Daraus folgt ein Streit, der sich über Stunden hinzieht und damit endet, dass Sven hinausläuft und erst am Morgen zurückkehrt. Er hat die ganze Nacht im Wald verbracht. Für jemanden mit seiner Krankheit ist das, wie um den Tod zu bitten. Wieder zurück hat er hohes Fieber und das Sprechen fällt ihm schwer. Er ist jedoch kein liebeskranker Mann, der aus Verzweiflung unüberlegt gehandelt hat. Er ist ein Mann mit einem Plan, der begriffen hat, dass er seine Krankheit als Waffe einsetzen kann.

Er kehrt also am Morgen in die Stiftung zurück, und Karin kümmert sich um ihn. Von einer Sekunde auf die andere wird sie von der mutigen Frau, die von einem anderen Leben träumt, zu einer Pflegerin, festgenagelt an der Seite ihres Patienten und ohne die Möglichkeit, sich fortzubewegen. Man könnte dies als einen weiteren Sieg für Sven Stolpe betrachten. Aber das wäre nicht ganz richtig. Denn etwas ist geschehen. Als Karin sich weigert, mit ihm zu schlafen, ist es das erste Mal, dass sie dies wagt. Es markiert etwas, es ist der Beginn von etwas Neuem.

Hier in der Stiftung spitzt die Situation sich endgültig zu. Ein letztes Gefecht steht noch aus, sie muss sich von

Sven befreien, und vielleicht begreift sie, dass dies ihre einzige Chance ist: Wenn sie es schafft, die gewaltige Kraft, die sie in ihrer Leidenschaft für Olof empfindet, in Handeln zu übersetzen. Es ist die schwierigste Aufgabe ihres bisherigen fünfundzwanzigjährigen Lebens, und das Glück ist nicht auf ihrer Seite. Aber sie ist verliebt, und im Namen der Liebe sind Menschen zu Unglaublichem fähig.

Beim Lesen des Tagebuchs ertappe ich mich dabei, wie ich zu hoffen beginne.

Komm schon.

Du schaffst das.

KAPITEL 29

1. Juli 1932

Vielleicht liegt Sven in diesem Augenblick bei ihr. Der Gedanke ist unerträglich. Ich habe ernsthaft überlegt, ihr Zimmer zu stürmen und um mich zu schlagen. So lange, bis etwas fällt und es still wird.

Aus Olof Lagercrantz' Tagebuch

Olof steht vor Svens und Karins Zimmertür und versucht zu lauschen. Er geht näher heran, legt das Ohr ans Holz. Angewidert schaut er auf die Schuhe, die Sven zum Putzen vor die Tür gestellt hat. Was tun sie da drinnen? Er meint, Murmeln zu hören, aber es ist gut möglich, dass er es sich nur einbildet.

Wie lange ist er schon in diesem Korridor auf und ab gegangen? Stundenlang. Am frühen Morgen kam Sven in die Stiftung getaumelt, nachdem er die ganze Nacht draußen gewesen war. Olof hat ihn gesehen, als er an den Frühstückenden vorbeiging. Karin ist ihm hinterhergeeilt. Seitdem ist ihre Tür geschlossen. Der Tag war wie ein irrer Albtraum. Er will Karin sehen, mit ihr zusammen sein, wissen, was da drinnen hinter verschlossenen Türen geschieht. Er ist nahe daran zu zerbrechen. Er fühlt sich physisch krank, geschwächt, er gerät außer Atem, wenn er eine Treppe nimmt, er kann spüren, wie die Tuberkel in ihm wachsen. Sein Herz klopft wild, plötzliche Geräusche erschrecken ihn. Er kann mit niemandem reden – wenn sich auf dem Flur jemand nähert, geht er beiseite oder bleibt stehen und starrt die Wand an. Wenn jemand ihn anspricht, antwortet er unzusammenhängend oder gar nicht. Das Einzige, was in seinem System existiert, ist Karin Stolpe. Und jetzt hat Sven sie in seiner Gewalt. Er starrt die Tür an. Tut Sven ihr gerade weh? Sollte er reingehen und sie befreien?

Er lauscht erneut, jetzt ist es still. Er geht in den Salon hinauf und starrt zu ihrem Fenster hinunter. Die Vorhänge sind nicht vollständig zugezogen, er kann jedoch keine Bewegung dahinter erkennen. Er geht zum Flipper-Spiel in der Bibliothek. Mechanische Aktivitäten, das kann ihn für eine Weile beruhigen. Früher sah er die rote Kugel im Spiel rollen und konnte die Gedanken an Karin loslassen. Aber als er es jetzt versucht, funktioniert es nicht mehr. Dann geht er in den Speisesaal. Er sagt sich das Alphabet rückwärts auf. Immer wieder und wieder. Es ist nicht besonders anstrengend, erfordert aber doch so viel Aufmerksamkeit, dass er die Gedanken für eine Weile verdrängen kann. U, T, S, R, Q, er verliert den Faden und beginnt von vorn. Bilder vom Vortag tauchen vor seinem geistigen Auge auf, er wird sie nicht los. Sven, der seinen Text vorlas, und Karin, die dasaß und zu Boden blickte. Die endlose Folter, der er sie ausgesetzt hat. Seine eigene Hilflosigkeit, wie er dastand und nicht eingreifen konnte, ohne sie bloßzustellen. Noch nie in seinem Leben hat er so empfunden, eine schäumende Wut, die seine inneren Hemmungen außer Gefecht gesetzt hat. Er hätte Sven töten können.

Jetzt vernimmt er Schritte auf dem Flur und bleibt stehen, um nachzusehen, wer da kommt. Es ist Karin, und er würde am liebsten in Tränen ausbrechen.

»Wir fahren heute nach Stockholm zurück«, sagt sie.

»Wieso?«

»Das kann ich dir jetzt nicht erklären. Aber ich muss mit dir reden. Ich brauche nicht viel Zeit, da sind nur ein paar Dinge, die ich dir sagen möchte. Können wir uns irgendwo treffen?«

»Komm in fünf Minuten zum Hafen hinunter«, sagt er.

KAPITEL 30

1. Juli 1932

Er ist verrückt geworden. Karins Leben ist in Gefahr. Wie soll das gehen. Wenn etwas passiert. Wenn Sven plötzlich zu mir hochkommt und versucht, mich zu erschießen. Aber für Karin würde ich mich liebend gern mit ihm schlagen.

Aus Olof Lagercrantz' Tagebuch

»Wann fahren wir?«

Sven liegt angezogen auf dem Bett. Er hustet laut in die Luft.

»Ich habe das Zimmermädchen gebeten, unsere Koffer zu packen und sie ins Auto zu laden«, sagt Karin. »In einer halben Stunde, denke ich, können wir los.«

»Gut«, sagt Sven und starrt an die Decke.

»Aber kannst du wirklich fahren, in deinem Zustand?«

»Ja, ja«, sagt er abwesend.

»Ich gehe noch mal raus, sage dem Verwalter Bescheid und erledige den Papierkram. Bleib ruhig liegen, dann sage ich dir, wenn das Auto abfahrbereit ist.«

Keine Antwort.

Sie verlässt das Zimmer und geht durch den Korridor, der die Gebäudeteile miteinander verbindet. Sie gelangt in den Innenhof, endlich frische Luft. Dann weiter die lange Steintreppe hinab, die zum Ausgang führt. Sie versucht, nicht darüber nachzudenken, wie es ihr geht, denn sie kann sich selbst nicht trauen, sie ist hin- und hergerissen zwischen Angst und Leidenschaft. Eines weiß sie: Sie liebt Olof. Ihre Gefühle für ihn sind nicht Teil eines Fluchtkomplexes. Sie läuft nicht vor ihrer Leere davon – sie läuft ihrer Zukunft entgegen. Zuerst hat sie gedacht, mit Olof könne sie die Person werden, die sie sein möchte, aber inzwischen hat sie begriffen: Mit ihm würde sie wieder die, die sie einmal war.

Zwei Jahre lang hat sie systematisch versucht, die Verhaltensweisen abzulegen, die Sven an ihr verabscheut. Dass sie auf der Treppe zwei Stufen auf einmal nimmt. Dass sie Nägel kaut. Dass sie nach dem Frühstück niest. Dass sie Eselsohren in die Bücher macht. Dass sie sich Telefonnummern auf die Handfläche schreibt. Dass sie zu laut lacht. Dass sie die Lippen bewegt, wenn sie etwas liest. Dass sie zu viel durch die Nase atmet.

Kleine, für sie aber lebenswichtige Muster – denn sie machen sie aus. Mit Olof braucht sie nicht darüber nachzudenken, wie sie sich benimmt. Dass es so eine Erleichterung sein kann, man selbst sein zu dürfen.

Sie denkt an den vergangenen Abend. Die verschiedenen Stadien der Wut, die Sven während ihres Streits durchlaufen hat. Erst das Schweigen. Dann die Gemeinheiten, die boshaften Kommentare, die er ihr an den Kopf geworfen hat. Und am Ende das Gebrüll, die wilden Schreie wie von einem gefangenen Tier. Sie hat reagiert wie die Person, die sie einmal war – sie hat ihm vorgeschlagen, sich zu trennen. Das hat schon mehrmals zur Debatte gestanden, aber da war Sven es gewesen, der damit gedroht hat, sie zu verlassen. Jetzt dagegen hat sie es vorgeschlagen, ganz ruhig und gelassen. Da ist er abgehauen.

Sie gelangt zum Hafen, und schon auf dem Steg sieht sie Olof im Ruderboot der Stiftung. Er winkt ihr zu.

»Ist das wirklich eine so gute Idee?«, fragt Karin und blickt zum Gebäude hinauf.

»Ja. Aus der Entfernung erkennt niemand, dass wir es sind. Spring rein.«

Karin sitzt achtern, und Olof rudert. Sie fahren an der mit Bojen versehenen Badestelle vorbei auf den See hinaus. Sie reden nicht. Es ist windstill. Karin mustert Olof, wie er konzentriert versucht, die Ruderschläge zu synchronisieren. Man merkt, dass er es nicht gewohnt ist, auf dem Wasser zu sein.

»Ich werde Sven verlassen«, sagt Karin.

Olof hält inne, lässt die Ruder los, sodass sie auf dem Wasser liegen.

»Aber man verlässt Sven nicht einfach so«, fährt sie fort. »Ich habe dir nicht alles über ihn erzählt. Ich weiß nicht, warum, vielleicht, weil ich Angst hatte, es würde dich abschrecken. Aber ich glaube, es gibt Dinge, die du jetzt wissen musst.«

»Nichts kann mich davon abschrecken, mit dir zusammen zu sein«, sagt er.

Sie lächelt, er ist so naiv. Sie muss ihm begreiflich machen, dass jeder falsche Schritt zu Konsequenzen führen kann, die unmöglich zu überblicken sind.

»Wusstest du, dass Sven einen Revolver besitzt?«

»Nein.«

»Ich weiß es auch erst seit ein paar Monaten. Er hat ihn rausgeholt und mir gezeigt. Und er hat gesagt, dass er beschlossen hat, den Mann zu erschießen, der mich geschwängert hat.«

»Das war doch bestimmt nur so dahingesagt.«

»Das habe ich zunächst auch gedacht. Aber dann hat er mir gesagt, dass er den Namen des Mannes herausgefunden hat. Er kennt seine Adresse und weiß, in welchem Stock er wohnt, hat bereits mehrere Auskünfte über die Wohnung eingeholt. Sven hat hoch und heilig geschworen, dass er ihn irgendwann, bevor er stirbt, erschießen wird.«

Olof antwortet nicht. Er lässt die Hände auf den Rudergriffen ruhen, schaut zu Boden. Durch einen kleinen Riss im Bootsrumpf ist etwas Wasser eingedrungen.

»Vor ein paar Tagen lag der Revolver auf dem Bett, als ich in unser Zimmer kam«, sagt Karin. »Ich habe Sven gefragt, wieso. Er nahm ihn weg, ohne etwas zu sagen. Aber ich weiß, dass er mir Angst machen wollte. Er wollte, dass ich mir bewusst bin, dass er ihn hat.«

Olof sieht Karin nur an.

»So etwas macht er ständig. Er holt den Revolver raus und hantiert damit herum. Er liegt auf dem Bett und richtet ihn zur Decke, er fantasiert, er redet von Feinden, die er erschießen wird.«

»Dann ist er verrückt«, sagt Olof.

»Nein, ich denke eher, er ist gefährlich. Neulich hat er zu mir gesagt, wenn ich ihm untreu bin, erschießt er erst den Mann, mit dem ich ihn betrüge, dann mich und zuletzt sich selbst. Ich glaube ihm. Wenn er uns erwischt, wird er versuchen, dich und mich zu töten. Deshalb kann ich ihn nicht einfach so verlassen, ohne einen Plan zu haben. Denn ich kann die Folgen nicht überblicken. Ich weiß nicht, was er tun wird.«

Olof sitzt schweigend da und fixiert einen Punkt irgendwo über dem Wasser. Zum ersten Mal glaubt sie, auch bei ihm Angst zu erkennen. Das ist gut. Er muss begreifen, dass jetzt kein Raum für Spontaneität oder irgendwelche Einfälle ist. Sie bittet ihn, zurückzurudern, denn sonst wird Sven misstrauisch. Das Klatschen der Ruder, die in den blanken See eintauchen. Das Boot wie eine kleine Insel der Sicherheit. Sie nähern sich dem Ufer.

»Wann sehen wir uns wieder?«, fragt er.

»Ich weiß es nicht. Gib mir ein paar Tage.«

»Darf ich dir schreiben?«

»Nein, das ist zu gefährlich. Oft ist es Sven, der die Post reinholt.«

»Ich könnte dir postlagernd schreiben.«

»Ja. Schreib mir an die Poststelle, an Ka Larsson.«

Sie dreht sich um und schaut zu dem Berg, auf dem sich die Stiftung wie eine Burg erhebt. Hektisches Treiben auf dem Hof. Die Menschen sind als Striche erkennbar, es sieht aus, als trügen sie ihr Gepäck nach draußen. Jemand hat den Chrysler vorgefahren, der unterhalb der Mauern in der Sonne glänzt. Als sie das Auto sieht, kehrt ihre Übelkeit zurück.

»Karin«, sagt Olof, und sie dreht sich zu ihm. Er lächelt sie an. Seine sonst so blauen Augen nehmen einen grünlichen Farbton an, wenn sich das Wasser in ihnen spiegelt. »Ich möchte nur, dass du eines weißt: Was auch immer geschieht – ich bin hier, auf der anderen Seite.«

KAPITEL 31

1988

Ich gehe hinter Oma die kleine Treppe hoch und folge ihr ins Schlafzimmer. Ich muss kurz draußen warten, während sie das Bett macht, dann ruft sie mich herein. Sie öffnet einen ihrer drei Schränke. Jedes Fach ist mit Kartons voller Briefe und Papiere gefüllt. Hier liegt Omas gesammelte Korrespondenz. Jeder Karton entspricht einem Jahr ihres Lebens.

»Na, dann schau mal, ob du etwas Neues entdeckst. Du bist ja schon ein paarmal hier gewesen und hast alles durchsucht«, sagt Oma. »Und vergiss nicht, hinterher alles wieder aufzuräumen und dahin zurückzulegen, wo du es gefunden hast.«

Dann geht sie hinaus.

Seit ich acht bin, sammle ich Briefmarken. Meine Sammlung umfasst drei Alben mit Marken aus aller Welt. Da gibt es welche aus Espana mit dem Bild des Königs, mal mit blauem, mal mit grünem Farbfilter, je nach Wert. Marken aus Vietnam mit zahlreichen bunten Tieren, von den Malediven mit Schildkröten, die großen

Olympiade-Briefmarken aus Uruguay. Eine mit einem Weitspringer, auf glänzendem Papier. Die Briefmarken aus Suomi mit dem verschnörkelten Löwen. Und all die anderen Länder mit ihren merkwürdigen Namen: Nippon, Magyar Posta, Posta Română. Eine Seltenheit ist die dreieckige Briefmarke aus Togo. Und eine große schwedische Briefmarke, die zum Gedenken an die Einführung des Rechtsverkehrs 1967 gedruckt wurde. Ich verwende viel Zeit auf diese Sammlung. Und ich weiß, dass ich hier einen Schatz vor mir habe. Oma hat als Übersetzerin gearbeitet, deshalb gibt es viele alte Umschläge mit Manuskripten und mit Briefmarken aus Italien und Frankreich. Oma hat mir erlaubt, die Marken vorsichtig aus den Umschlägen herauszureißen. Zu Hause löse ich sie dann in warmem Wasser ab, lasse sie trocknen und lege sie in meine Sammlung.

Ich finde eine Briefmarke aus Polen, die ich beim letzten Mal übersehen habe. Und eine aus den USA, auf der AIR MAIL steht. Aber ich merke doch bald, dass ich das meiste schon durchgesehen habe. Ich öffne den Schrank, der daneben steht. Auch er ist mit Papieren gefüllt, aber in größerer Unordnung. Ich durchsuche ihn rasch, finde aber keine Briefmarken. Ganz oben entdecke ich eine Kiste. Ich muss mir den Stuhl von Omas Schminktisch holen, um heranzureichen. Ich setze mich damit aufs Bett. In der Kiste liegt ein kleines Bündel mit etwa zehn Umschlägen. Sie sind mit einem rosa Seidenband verschnürt. Ich öffne die Schleife. Die Briefe sind sehr alt und an eine »Ka Larsson« adressiert. Auf manchen Umschlägen kleben die schönen Fünfzehn-Öre-Briefmarken mit dem ehemaligen König drauf. Davon habe ich noch keine, ein Schauer überläuft mich.

Ich renne ins Wohnzimmer hinunter. Großvater sitzt auf einem Sessel und liest die Morgenzeitung und Oma daneben. Das Radio läuft.

»Oma, schau mal, was ich gefunden habe! Darf ich diese Marken haben?«

Oma blickt von ihrem Kreuzworträtsel auf. Dann geht alles ganz schnell. Sie eilt zu mir.

»Die nehme ich mal lieber an mich«, sagt sie.

Sie reißt mir das Bündel aus der Hand. Panik in ihrem Blick. Ich bin es so gewohnt, Situationen zu deuten, Gefühle wahrzunehmen, Dinge vorauszusehen, bevor sie passieren. Aber jetzt begreife ich gar nichts mehr. Oma läuft zur Tür. Großvater dreht sich zu ihr um.

»Was sind das für Briefe?«, fragt er.

KAPITEL 32

Sigtuna, den 1. Juli 1932

Meine liebste Geliebte,

mir zittern die Hände, wenn ich diesen Brief an Dich tippe. Als Du Dich vom Schlachtfeld zurückzogst, fiel ich alsbald der Schwindsucht, dem Kater, der Erschöpfung und anderen Nichtigkeiten zum Opfer. Aber Du lebst in meinem Herzen.

Du bist gerade erst gefahren, und noch nie habe ich mich so einsam und verlassen gefühlt wie jetzt. Ohne Dich ist das Leben tot und farblos. Ich möchte nur weinen, vermag aber nicht einmal das.

Deine Küsse brennen noch auf meinen Lippen. Es ist doch ein Wahnsinn, so besessen zu sein von nur einem Gedanken: Du; jede Stunde ohne Dich als verloren ansehen, nichts zu sehen als Dich, Deinen Körper, Deine Augen, Deinen Mund, Deine Brüste, Dich in jedem Blatt flüstern zu hören, in jedem See, jedem Wind.

Ich fasse nicht, dass ich so lieben kann. Ich dachte, ich wäre zu arm für eine große Liebe. Du hast mir einen starken Glauben an mich selbst geschenkt. Wer so rückhaltlos intensiv lieben kann, kann nicht verloren gehen. Es muss einen Sinn in alldem geben.

Warum konntest Du nicht bei mir bleiben heute Nacht? Ich will nicht in meinem verdammt leeren Bett liegen ohne Dich. Heute Nacht will ich neben ihm knien und die Laken küssen, zwischen denen du gelegen hast. Liebste, hör auf Deine Gefühle. Ich werde Dich immerzu lieben. Ich werde Dir mein Leben weihen. Ich werde Dich auf Händen tragen. Die Krankheit existiert nicht, wenn ich Dich habe.

Warum musst Du auch verheiratet sein? Dass Sven Dich besitzen muss, dass er Dich so rücksichtslos behandeln darf, wie er will, ohne dass ich eingreifen kann, ist unerträglich.

Aber solange Du mir erlaubst, Dich zu lieben, halte ich alles aus. Stoße mich nur nicht von Dir. Das ertrage ich nicht. Ich werde die Stunden zählen, bis wir uns wiedersehen, und ich werde immerzu hoffen, dass Du eines Tages mit Leib und Seele die Meine sein wirst.

Wie tot hier in der Stiftung alles wirkt, seit Du gefahren bist. Die Menschen sind mir zuwider. Ich wandle wie zwischen Ruinen. Ich tobe wie ein Irrer zwischen Toten. Ich sitze in meinem Zimmer und kann nicht fassen, dass Du nicht jederzeit zu mir hereinkommen kannst. Immer wieder drehe ich mich zur Tür und glaube das Unmögliche. Ich kann nicht fassen, dass Du fort bist. Ich muss Dich bald treffen. Morgen oder übermorgen fahre ich nach Stockholm. Vielleicht sehe ich Dich, bevor Du diesen Brief erhältst. Das wäre gut. Was ich sagen will, kann ich hier nicht ausdrücken.

Verstehst Du, was Du mir bist? Du bist alles, was ich habe. Alles andere ist mir vollkommen gleich. Ich könnte jedes Verbrechen für Dich begehen. Glaub mir, Karin. Es ist mir ernst. Glaub mir, auch wenn Du die Wahrheit gerade nicht an meinen Augen ablesen kannst.

Erlaube mir, Dich für immer zu lieben. Love. Ich sehne mich weit über meine Kräfte. Für mich bist Du die einzige Frau. Alle anderen bedeuten mir nichts. Du bist so unglaublich schön, so wunderbar rein. Karin. Karin. Karin.

Klingt die Schreibmaschine falsch, so wisse, sie ist nicht ich.

Ich bin und bleibe für immer

Dein

Olof

PS: Noch nie hat mich ein Brief so gequält wie dieser. Aus seinem Herzen heraus zu schreiben – das ist eine dumme Redensart. Das kann niemand, dessen Herz voll ist. Es gibt so wenige Wörter für Liebe. Jede Formulierung ist ein Abwerten, ein Verunglimpfen des wahren Gefühls.

KAPITEL 33

2. Juli 1932

Liebes, liebes Hänschen,
Wir werden unfassbar, unglaublich glücklich sein im Leben, Du und ich. Ich liebe Dich, Du schenkst mir neues Licht. Du verachtest mich nicht, das macht mich so froh und so glücklich. Warte auf mich und vergiss mich nicht, ich bin die glücklichste Karin der Welt, wenn Du in einem Monat noch die Hälfte Deiner Liebe für mich übrighast.

Ist es wahr, dass Du mich und meine Kinder lieben wirst?

Der Sommer hier ist wunderbar. Er ist Dein und mein. Werde schnell alt und heiratsfähig, liebstes, liebstes Hänschen. Und jetzt still, Du hörst ja, dass ich Dich liebe, ich höre Deine Stimme dreihundert Kilometer übers Land!

Deine alte Karin

Mein Herz sprach: Was bedeutet lieben, und das Leben antwortete; mit des Rätsels Lösung verstummte die Moral, in seinem Kinderauge bis zum Olymp flog der kleine Eros. Verzeih den Spott.

KAPITEL 34

3. Juli 1932

Zwei Jahre bin ich nun so unglücklich gewesen, mehr als das. Ohne sie hätte ich nicht den Mut gefunden, sehr viel länger zu leben. Und da ist sie dann mein geworden.

Aus Olof Lagercrantz' Tagebuch

Sven hustet in sein Taschentuch und überprüft den Auswurf. Das tut er immer. Wenn es Blut ist, zeigt er es ihr sofort, in einem seltsamen Triumph. Als wäre sie schuld an der Blutung: Schau, was passiert, wenn du mich so behandelst. Aber da ist kein Blut, da ist nur ein durchsichtiger, eiweißähnlicher Schleim. Er faltet das Taschentuch zusammen, stopft es in seine Hosentasche und setzt sich an die Schreibmaschine.

»Können wir darüber reden?«, fragt Karin.

»Gerne«, sagt er, »nur zu.«

Wenn der Wind von Norden kommt, wie jetzt, dringen die Geräusche der Stadt bis in ihre Wohnung in der Stigbergsgatan hinauf, Karin hört das Rattern des Zugs auf dem Weg nach Saltsjöbaden, die Abfahrtspfeife der Djurgårds-Fähre unten am Slussen, die Wimpel, die gegen die Fahnenstangen an der Fjällgatan schlagen, das Knarren der Trossen, mit denen die Eisbrecher den Sommer über am Stadsgårdskai vertäut sind.

Jedes Mal, wenn sie etwas anspricht, das ihm unangenehm ist, passiert dasselbe: Sven versteckt sich hinter der Schreibmaschine, benutzt sie als physischen Schutz zwischen sich und dem Gespräch, das er nicht führen möchte. Etwa, wenn sie sich wieder einmal ein Herz gefasst hat und ihm sagt, dass sie sein Misstrauen nicht länger erträgt und seine höhnischen Kommentare über ihre Verdorbenheit. Und es geschieht auch jetzt, als sie ihm zum zweiten Mal das Unmögliche vorschlägt.

»Ich möchte, dass wir uns scheiden lassen.«

»Verstehe.«

»Auch für dich wäre das ja wahrscheinlich kein Verlust, du sagst doch, dass du mich nie geliebt hast, dass es ein Fehler war zu heiraten.«

»Ich habe dich geliebt. Aber du hast es mir immer schwerer gemacht, es auch weiterhin zu tun.«

Sein Ton ist ein anderer, eine seltsame Munterkeit, als handle es sich um ein Problem eher praktischer Art zwischen ihnen.

»Deine hemmungslose Zuwendung zu anderen Männern hat es mir sehr schwer gemacht. Und die Spuren, die diese Kerle in Form von Schwangerschaften hinterlassen haben, haben es dann auch nicht gerade erleichtert.«

»Ich kann nicht ungeschehen machen, was geschehen ist«, sagt Karin. »Es tut mir leid, was passiert ist, und ich weiß, dass du es sehr schwergenommen hast. Aber ich kann kein Leben leben, in dem ich dauerhaft bestraft werde. Das nimmt kein Ende. Wir haben schon so oft darüber geredet, und du hast versprochen, dass du es nicht mehr gegen mich verwenden wirst. Als wir uns verlobt haben, hast du es versprochen, und als wir geheiratet haben auch. Aber es gelingt dir nicht. Es kommt immer wieder hoch.«

Er lehnt sich auf dem Stuhl zurück. Verschränkt die Arme vor der Brust und schaut auf die Schreibmaschine hinunter.

»Ich sage ja auch nicht, dass es deine Schuld ist«, sagt sie. »Du bist gefangen in deiner Vorstellung von mir, von der du einfach nicht loskommst. Ich weiß, dass du es versuchst, aber es geht nicht.«

»Wir sind nicht mehr verliebt«, sagt er. »Das ist richtig. Aber wir haben etwas anderes. Wir reden über unseren Glauben. Wie es ist, als wahrer Christ zu leben. Und wir leben dieses Leben auch in der Praxis, so gut wir können. Wir bemühen uns zumindest. Und deshalb trennen wir uns nicht leichtfertig. Wir haben unsere Gespräche, und mit Gottes Hilfe schaffen wir das.«

»Gespräche? Wir reden doch gar nicht mehr miteinander.«

Es war nicht immer so still zwischen ihnen gewesen. Ihre Beziehung hatte mit Gesprächen begonnen.

Sie erinnert sich, wie sie sich zum ersten Mal begegnet sind. Sie saß im Turmzimmer der Sigtuna-Stiftung, und plötzlich stand er in der Tür, außer Atem, als wäre er die Treppe hinaufgerannt. Er hatte gerade Tennis gespielt und trug weiße Shorts und ein kurzärmeliges weißes Hemd. Ein wacher Blick hinter einer dünnen Brille. Er setzte sich zu ihr, und sie redeten und hörten nicht mehr damit auf. In dieser Woche taten sie nichts anderes als reden. Sie trafen sich jeden Abend im Turmzimmer und füllten es mit Worten. Sie sprachen über Religion und über Literatur, und von dem meisten verstand sie mehr als er. Vom Geltungsdrang, der mit den Jahren ein so markanter Charakterzug bei ihm wurde, gab es noch keine Spur. »Bring mir etwas bei!«, rief er, wenn er sie im Korridor traf. Und dann zog er sie ins Turmzimmer.

Sie erinnert sich an die Abende im ersten halben Jahr, wie die Sonne auf ihren Balkon schien. Sie machten eine Flasche Wein auf, und Sven las ihr vor, was er am Tag geschrieben hatte. Wenn er fertig war, sagte sie ihm, was sie von dem Text hielt. Sven saß mit einem Notizbuch da und murmelte »ja, gut«, und es fühlte sich an, als würde er sich alles aufschreiben, als wären ihre Worte Tropfen einer sehr kostbaren Flüssigkeit, die nicht verloren gehen durften. Ihre besten Gespräche hatten sie in dieser Zeit. Aus irgendwelchen Schubladen kramten sie Zigaretten hervor und öffneten eine weitere Flasche

Wein, und das Gespräch über seine Texte ging zu Gesprächen über die Texte anderer über, über die Welt, in der sie lebten. Sie waren fasziniert davon, dass sie immer noch dabei waren, einander kennenzulernen, dass da eine dauerhafte Neugierde war, die niemals aufzuhören schien.

Aber das ist jetzt lange her. Jetzt ist Schweigen der Normalzustand zwischen ihnen. Wie während der Fahrt von Sigtuna nach Stockholm vor ein paar Tagen. Anderthalb Stunden saßen sie nebeneinander, ohne ein Wort zu wechseln. Sven schien es nicht weiter aufzufallen, aber sie selbst hat gespürt, wie das Schweigen zwischen ihnen hallte. Eine plötzliche Trauer überkam sie, darüber, dass die Dinge sich so entwickelt hatten, und sie begann zu weinen. Sie konnte nichts dagegen tun, dabei kämpfte sie wirklich gegen die Tränen an, denn sie weiß ja, dass Sven es verabscheut. Sie schaute lautlos schluchzend aus dem Seitenfenster, atmete durch den Mund, damit er nichts bemerkte. Sven sah die Tränen auf ihren Wangen. Er hielt auf dem Sveavägen und stieg aus. Wartete und blickte dabei ausdruckslos auf die Straße. Nach einer Weile fragte er: »Hast du dich wieder beruhigt?« Dann setzte er sich ins Auto, und sie fuhren weiter.

Eine Empathielosigkeit, die nicht von Anfang an da war.

»Ich habe mit meiner Mutter gesprochen«, sagt Karin. »Ich kann erst mal bei ihr in Limnäs wohnen. Ich fahre heute Nachmittag.«

»Gut. Fahr nach Limnäs. Du bleibst ein paar Tage dort, und dann kommst du wieder zurück – nach Hause.«

Sie betrachtet seinen Rücken im Gegenlicht. Er richtet sich halb auf und zieht ein Buch aus dem Regal, das er sich auf den Schoß legt, um darin zu blättern.

»Sven. Es geht nicht mehr.«

Er springt auf, der Stuhl schrappt über den Boden. Mit diesem Schwarzen im Blick, das sie so gut kennt, tritt er nah an sie heran.

»Ich war beim Arzt. Der andere Lungenflügel ist nun ebenfalls betroffen. Das heißt, dass ich nicht nur Tuberkulose habe, sondern eine sehr schwere noch dazu. Die Zeichen stehen, wie du weißt, nicht gut.«

»Ich weiß, Sven. Aber …«

»Nein, es gibt kein Aber. Es gibt nur den Tod.«

Wieder verstummt sie vor seinem Zorn, der sich vor ihr auftürmt. Zunächst beruhigt er sich wieder, dann ist es, als beginne die Wut von vorn, nehme erneut an Fahrt auf, wie etwas, das sich selbst in Schwung setzt.

»Ich soll mich darauf einstellen«, sagt er. »Die praktischen Dinge organisieren. Ich bin sechsundzwanzig und soll mein Testament schreiben. Mich selbst abwickeln. Und während ich das tue, soll ich gleichzeitig mit einem Bein im Leben bleiben und auf ein Wunder hoffen. Denn es gibt noch eine winzige Chance, dass ich überlebe. Aber dann muss ich gut auf mich aufpassen. Ich soll viel schlafen. Frische Luft ist gut. Spazieren gehen. Und vor allem soll ich mich nicht aufregen!«

Er wirft das Buch, das er in der Hand hält, mit voller Wucht einen Meter an ihr vorbei, sodass es gegen die Wand prallt und über dem Spirituosentischchen herunterrutscht. Seine Stimme ist ein Schreien, eher Tier als Mensch.

»Ich darf mich nicht aufregen! Sonst sterbe ich!«

Er setzt sich zurück an den Schreibtisch. Liest sich den Text, den er geschrieben hat, durch. An der Augenbraue hat er eine kleine Narbe von einem Sturz in der Kindheit, über die er vorsichtig mit dem Zeigefinger streicht. Er dreht sich zu ihr um, wieder ruhig.

»Eines steht also fest: Ich würde eine Scheidung nicht überleben. Ich gehe unter. Und die Frage ist auch, ob du sie überleben würdest.«

»Wie meinst du das?«

»Ich würde dich nicht verschonen.«

Er beugt sich über die Schreibmaschine, dreht das Papier in die Walze. Kontrolliert, dass es richtig sitzt.

»Du würdest mich nicht verschonen?«

»Ich würde dafür sorgen, dass sich die Geschichten über dich verbreiten. Über deine Kerle, die außereheliche Schwangerschaft, die illegale Abtreibung. Wenn ich fertig bin, wirst du niemanden mehr auf deiner Seite haben. Außer vielleicht den lüsternen Typen, die einem leicht zu verführenden Frauenkörper hinterherhecheln.«

Schwindel überkommt sie, sie sucht mit dem Blick nach etwas, woran sie sich festhalten kann. Sie ist zurück in ihrer Angst. Sie hatte gedacht, sie wäre mutiger geworden, aber jetzt ist sie wieder wie festgenagelt. Diesmal aber muss es einen anderen Ausgang nehmen. Es gibt keine Alternative. Sie verlässt das Zimmer und lehnt sich im Flur einen Augenblick an die Wand. Hört sein schweres Atmen aus dem Arbeitszimmer. Dann geht sie weiter zur Garderobe. Es ist, als sähe sie sich von außen, denn was sie jetzt tut, tut eigentlich nicht sie, es ist jemand anderes, der den Schrank öffnet und die Reisetasche herausnimmt, die sie heimlich schon gepackt hat. Es kann nicht sie sein, denn das hier verlangt einen Mut, den sie nicht hat.

»Ich gehe jetzt«, sagt sie und bewegt sich Richtung Tür. Sie hört, wie Sven vom Schreibtisch aufsteht, hört seine raschen Schritte Richtung Flur.

»Du kannst mich nicht verlassen!« Er beginnt, wild zu husten. Sie dreht sich zu ihm um, und so stehen sie mit drei Metern Abstand zwischen sich da und sehen einander an. Er will etwas sagen, aber er kann nicht aufhören zu husten. Sie mustert ihn. Wiederholt für sich das Mantra, was sie immer denkt, wenn sie Angst vor ihm hat: Er ist nicht gefährlich, er ist nur Fleisch und Blut.

Er überprüft sein Taschentuch und zeigt ihr den Blutfleck.

»Ich bin krank«, sagt er.

»Leb wohl, Sven«, sagt sie, und die Frau, die nicht sie ist, öffnet die Tür und geht.

Sie eilt über die Stigbergsgatan, an den roten Holzhäusern vorbei, und als sie die Treppe erreicht, die zum Stigbergsplan hinunterführt, erhöht sie ihr Tempo, und dann rennt sie, schneller und schneller, mit der Reisetasche über der Schulter, und sie weint, ohne recht zu wissen, warum, nicht aus Trauer oder Angst, sondern vielleicht vor Erleichterung, ein Gewicht ist von ihr genommen. Es ist vorbei, von jetzt an ist sie frei, und die Gedanken wirbeln umher, ihr Geist füttert sie mit Bildern, unscharfen Bildern von einer Zukunft, von der sie nichts weiß, eines löst das andere ab, und auf allen Bildern sieht sie Olof.

KAPITEL 35

1988

Oma und Großvater, zwei kleine alte Leute mitten in ihrer großen Küche. Großvater sieht Oma scharf an, und sie blickt zu Boden. Sie lächelt sanft, aber sie sagt nichts.

Ich sehe, wie dünn sie ist. Ihren geflickten Hals. Dieser Hals verhält sich seltsam. Wenn Oma im Sommer von der Sonne gebräunt ist, bleibt er weiß, denn wegen der Operation fehlen die Pigmente, dasselbe geschieht, wenn sie rot wird, so wie jetzt: Die Hautflicken leuchten wie matte Lampen an ihrem Hals. Sie trägt Schuhe mit Absätzen. Ihr ganzes Leben lang hat sie so konsequent enge, spitze Absatzschuhe getragen, dass ihre Füße sich der Form angepasst haben. Ich erinnere mich, wie sie vor ein paar Jahren einmal die Schuhe ausgezogen und es mir und meinen Brüdern gezeigt hat. Ihre Füße waren wie Kegel, wie Tortenheber aus Fleisch und Blut. Es war wie ein Zirkustrick, wir jubelten vor Begeisterung, riefen Mama, damit sie es sich ebenfalls ansah.

Oma hält den Kopf gesenkt, die Hände hängen zu beiden Seiten herab. Sie will Großvater nicht in die

Augen blicken. Er hat in den vergangenen Jahren abgenommen, sämtliche Anzüge sind ihm jetzt zu groß, dennoch baut er sich wie ein Riese vor ihr auf. Er hält ihr das Bündel Briefe vors Gesicht.

»Du hast eure Briefe aufgehoben?«

Oma antwortet nicht. Es ist, als würde die Küche schrumpfen, alles zieht sich zurück, bis auf die Wände, die näher rücken. Großvater öffnet einen Umschlag und liest. Oma versucht, ihm die Briefe wegzunehmen, aber Großvater wehrt sie ab.

»Oh, mein Gott«, murmelt er. Er blättert das Bündel noch ein paarmal durch. »Oh du mein Gott, das darf doch wohl nicht wahr sein.«

Dann wendet er sich an Oma.

»Warum hast du eure Briefe aufgehoben?«

»Ich habe unsere Briefe nicht aufgehoben.«

»Und was ist das dann hier?«

Oma sagt nichts.

»Was halte ich dann hier in der Hand?«

»Ich habe sie nicht aufgehoben. Ich bin nur nicht dazu gekommen, sie wegzuwerfen.«

»Schluss!«, faucht Großvater. »Das ist doch lächerlich!«

»Und du«, sagt er dann zu mir, »wo hast du sie gefunden?« Großvater geht auf mich zu. Ich weiß nicht, was ich sagen soll. Ich verstehe immer noch nicht, was hier auf dem Spiel steht.

»Keine Ahnung.«

»Keine Ahnung? Lagen sie in Karins Schreibtischschublade? Oder in der Kiste auf ihrem Nachttisch?«

»Ich weiß es nicht mehr.«

»Wie bitte?« Seine Stimme kippt ins Falsett. »Du weißt es nicht mehr? Du hast sie doch eben erst gefunden!«

»Aber ich weiß es nicht mehr.«

Ich will Oma nicht verraten.

»Dann schauen wir doch mal«, sagt Großvater. Er nimmt jeden einzelnen Brief aus seinem Umschlag und legt alle auf den Küchentisch.

»Bitte, Sven, hör auf damit.«

»Sei still«, brüllt er. »Da hin!« Er zeigt auf eine Stelle am Boden und wartet. Nach einer Weile begibt Oma sich auf den ihr zugewiesenen Platz.

Großvater legt die Briefe wie ein Kartenspiel auf den Tisch. Einen nach dem anderen. Er schweigt und arbeitet sorgfältig. Schließlich ist der ganze Tisch mit vergilbten, gefalteten Papieren bedeckt. Er nimmt einen der Briefe zur Hand. Er räuspert sich, und ich begreife, dass er ihn vorlesen will.

»Meine geliebte Karin …«

»Aber Sven …«, sagt Oma und macht einen Schritt auf ihn zu.

»Ruhe!«

Er liest weiter.

»Meine geliebte Karin, jetzt habe ich mich ein bisschen beruhigt. Gestern war ich den ganzen Tag furchtbar aufgewühlt vor Liebe zu Dir. Heute kann ich die Melodien in meinem Herzen unterscheiden. Gestern war alles Chaos.«

Großvater sieht Oma an.

»Wie abscheulich«, sagt er.

Oma, die mit gesenktem Kopf vor ihm steht, hebt plötzlich den Blick. Sie schaut ihm in die Augen. Ich meine, einen Anflug von Trotz in ihrer gebeugten Haltung wahrzunehmen.

KAPITEL 36

2. Juli 1932

Meine geliebte Karin,

jetzt habe ich mich ein bisschen beruhigt. Gestern war ich den ganzen Tag furchtbar aufgewühlt vor Liebe zu Dir. Heute kann ich die Melodien in meinem Herzen unterscheiden. Gestern war alles Chaos.

Ich freue mich, dass ich jetzt eine Weile mit meiner Liebe allein sein kann. Hier draußen werde ich sie hüten wie einen kostbaren Schatz und mich um sie kümmern, als wäre sie Dein Kind, was sie ja gewissermaßen auch ist. Aber schwer ist es, fern von Dir zu sein. Kaum bist Du die Meine geworden, bist Du schon wieder verschwunden. Aber Du bist mit mir hier draußen. Liege ich im Wald auf dem Rücken und schreibe mit dem Zeigefinger Deinen Namen in den Himmel, dann bist Du bei mir. Du liegst mit Deinem Kopf auf meiner Schulter, und ich bin glücklicher als je zuvor. Die Nächte sind vielleicht am schlimmsten. Ich kann nicht schlafen. Dein Körper hat mich verhext, wie Deine Seele es schon vor elf Tagen tat. Ich spüre Deinen Puls an meinem und strecke die Arme nach Dir aus; und erwache verzweifelt in einer Leere, einem Nichts, das mich schier zu zerreißen droht.

Die Erinnerungen, die wir gemeinsam haben, sind für mich das Größte in meinem bisherigen Leben. Einst, wenn ich diese Tage in klarerem Licht sehen kann, will ich einen großen Dithyrambos über sie schreiben. Das glaubst Du nicht, Love? Sitz nicht da und mache dich über meine Eitelkeit lustig. Womit ich mich hier brüste, ist nur die Kraft, die ich durch Dich bekommen habe.

Verstehst Du, Karin, wie ernst mir das alles ist? Ich habe noch nie so geliebt. Es war bisher immer nur Selbstbetrug. Jetzt weiß ich, was große Leidenschaft bedeutet. Es bedeutet die vollkommene Selbstauflösung, die absolute Hingabe, die freiwillige Abhängigkeit. Und so viel mehr.

Ich habe Angst, wie sich diese Briefe möglicherweise auswirken. Sie könnten Dein Ansehen zerstören, wenn Du nicht aufpasst. Kann ich Dir woandershin schreiben?

Ich küsse Dich und bitte Dich inständig, dass Du mir für immer erlaubst, Dich zu lieben.

Dein

Olof

KAPITEL 37

Ich vollziehe ihren letzten Spaziergang nach, er wird im Tagebuch Punkt für Punkt beschrieben. Genau hier, wo ich jetzt stehe, vor dem Restaurant Sturehof in Stockholm, wartete Olof am 3. Juli 1932 um 13 Uhr auf Karin. Sie hatte ihn am Morgen in der Stiftung angerufen, flüsternd, weil Sven sich im Zimmer nebenan ausruhte. Sie hatte nicht viel gesagt, nur gefragt, ob er sich mit ihr in Stockholm treffen wolle. Fünfundvierzig Minuten später war er auf dem Weg in die Hauptstadt. Fünfunddreißig Kronen, sein letztes Geld, hatte er bezahlt, damit ein Laufbursche des Sigtuna Stadshotell ihn fuhr. Er sah Karin schon von Weitem, wie sie die Biblioteksgatan entlangkam, eine große Tasche über der Schulter, sodass sie ein bisschen krumm lief. Sie trug einen blauen Rock und eine weiße Schluppenbluse. Er ging ihr entgegen, und als sie sich trafen, ließ sie die Tasche fallen und warf sich in seine Arme. Sie weinte, und er bekam es sofort mit der Angst zu tun, fürchtete das Schlimmste. Hatte Sven sie geschlagen?

»Ich habe ihn verlassen«, brachte sie schluchzend hervor. »Ich habe es getan.«

Mit seinen Daumen wischte er ihr die Tränen unter den schwarzen Augen fort.

»Du hast es getan«, sagte er.

»Ich hatte solche Angst«, sagte sie.

Es war der schönste Tag des ganzen Sommers, die Sonne schien, und es waren dreiundzwanzig Grad. Genau hier küssten sie sich. Lange standen sie da und hielten einander fest.

»Dann sind es jetzt wir zwei, du und ich?«, fragte er.

»Ja«, sagte sie. »Du und ich.«

Ich folge der Birger Jarlsgatan in südlicher Richtung, das Tagebuch wie eine Karte in der Hand. Mit gesenktem Kopf gehe ich durch die Stadt, lese und wandle auf ihren Spuren und lasse mir von Olof beschreiben, wie er diesen Spaziergang empfunden hat. Hand in Hand gingen sie Richtung Nybroplan. Draußen vor dem Berns spielte das Orchester. Im Berzelii-Park waren alle Bänke besetzt – »ein Mädchen lächelte mir von einer Bank aus zu, und ich war ihr seltsam dankbar dafür«. Im Park Kungsträdgården schlugen gerade die Pappeln um den Molin-Springbrunnen aus. Von der Norr-Brücke aus sahen sie »das Wasser sprudeln und um die Pfeiler wirbeln«. Sie wanderten am Königlichen Schloss vorbei – »es stand im Wasser und träumte«. Als sie den Kai erreichten, an dem die Fähre nach Djurgården abfährt, blieb Olof stehen, und erst jetzt vermochte er zu realisieren, was ihnen da gerade geschah. Er dachte an all sein Sehnen, all die schlaflosen Nächte, alle Heimlichtuereien und die Angst der vergangenen Woche. Und die ganze Zeit hatte er von diesem fernen Moment geträumt, in dem er sich jetzt befand. »Plötzlich strömte alles Blut zu meinem Herzen, und ich empfand ein nie gekanntes Glück.«

Ich begebe mich auf die Djurgårds-Fähre, genau wie Olof und Karin es an jenem strahlenden Sommertag vor fünfundachtzig Jahren getan haben. Ich setze mich auf eine der Bänke und vertiefe mich wieder in das Tagebuch. Noch nie habe ich eine Geschichte gelesen, bei der so viel auf dem Spiel stand. Oder eine, in der der Tod so präsent war. Einerseits durch Olofs und Svens Krankheit, denn beide leben in Erwartung ihres baldigen Todes. Andererseits aber auch durch die Angst vor Svens tödlicher Gewalt. Olofs Gedanken, er müsse Sven töten, damit Karin überlebe, der sofort in die Angst übergeht, Sven könne ihm zuvorkommen und ihn erschießen. Von dem Moment an, in dem sie sich im Wald hinter der Stiftung geküsst haben, geht es um Leben und Tod. Olof ist immer mehr davon überzeugt: Einer von ihnen dreien wird sterben, und er ist fest entschlossen, dass das weder Karin noch er sein werden. Im Tagebuch stellt er Überlegungen zu dem Undenkbaren an, einen anderen Menschen zu töten: »Ich will nicht vorsätzlich töten. Denn hier geht es um den Tod. Es sind keine leeren Worte. Es ist die schreckliche Wirklichkeit.«

In Djurgården gehe ich an Land. Karin und Olof wollten zum Vergnügungspark Skansen, und ich folge ihrer Spur. Sie liefen lange dort herum, »sahen die Bären und küssten uns in schattigen, dunklen Gängen«. Als sie über die hügeligen Kieswege spazierten, hatte Olof das Gefühl, dass die Menschen, denen zu begegnen ihm sein Leben lang so schwergefallen war, ihm plötzlich wohlwollend gegenüberstanden. Er blickte ihnen in die Augen, und sie lächelten zurück. »Wahrscheinlich sahen wir so verliebt aus, dass sie nicht anders konnten, als gerührt zu sein.«

Ich komme zum Solliden, wo sie zu Mittag aßen. Olof hatte kein Geld – Karin musste ihn einladen, was Olof quälte: »Es war schließlich Svens Geld. Aber sie behauptete, es wäre ihres. Sie habe es verdient, meinte sie, durch ihre Übersetzungsarbeit. Ich ließ mich überreden. Aber es war mir sehr unangenehm.«

Ich setze mich auf die Terrasse des Solliden und blicke auf dieselbe Wassereinfahrt, auf der auch Karin und Olof an jenem Nachmittag ihren Blick ruhen ließen. Hier saßen sie und redeten über die Zukunft, die ihnen gehörte. »Ich habe mich noch nie so stark gefühlt«, sagte er. »Zum ersten Mal seit ich mich erinnern kann, sehe ich mich selbst in einer Zukunft, die ich liebe«, sagte sie. »Es ist ein Wunder«, schreibt er in sein Tagebuch. »Eine göttliche Liebe.« Einsam und allein ist er bisher durchs Leben gegangen, immer mit dem Gefühl, außerhalb der Welt und außerhalb seiner selbst zu stehen. Karin veränderte alles. »Zum ersten Mal in meinem Leben bin ich nicht allein. Sie liebt mich. Sie liebt mich. Ich weiß, dass sie mich liebt.«

Hier wendet sich das Schicksal.

Als sie sich in der Nachmittagssonne verabschieden, ist es das letzte Mal, dass sie einander sehen.

So hätte es nicht kommen müssen. Es ist das sinnlose Spiel des Zufalls, das über ihre Zukunft entscheidet. Sie sagt zu ihm, dass sie noch am selben Nachmittag zu ihrer Mutter nach Limnäs fahren wird. Er möchte sie begleiten, aber sie meint, es wäre besser zu warten. »Lass eine Woche vergehen, damit sich alles ein wenig beruhigen kann. Anschließend bin ich ganz dein. Ich bin schneller zurück, als du denkst.«

Und sie fährt hin. Es ist ihr erster Tag als freie Frau. Tags darauf parkt ein Chrysler in der Einfahrt zum Limnäs Gård. Sven Stolpe steigt aus. Karin sitzt in der Küche und sieht durchs Fenster, wie er seinen großen Koffer aus dem Kofferraum hebt. Er bereue alles, sagt er. Ihm sei bewusst, dass er sich unmöglich verhalten habe, und er wolle sich entschuldigen. Er will mit ihr reden. Er will, dass sie das hinkriegen. Und wenn sie sich trennen wolle, dann sollten sie das doch wenigstens in Ruhe besprechen. Das habe er sich verdient. Er werde nur ein paar Tage bleiben, und wenn sie dann immer noch an Trennung dächte, werde er sie in Ruhe lassen. Und die Angst, die Karin so gut kennt, kehrt zurück. Sie wagt nicht, Nein zu sagen, denn sie weiß nicht, was er dann tut.

In Stockholm wartet Olof geduldig auf ein Lebenszeichen von Karin. Auf Limnäs Gård gibt es kein Telefon, deshalb kann er sie nicht anrufen. Die Tage vergehen, und er hört nichts von ihr. Er schickt ihr täglich einen Brief, erhält aber keine Antwort. Olof spürt, wie er langsam daran zerbricht. Er ist krank und fiebrig, irrt durch die Wohnung und fantasiert. Doch die Krankheit kann ihm nichts anhaben. Das Einzige, was ihm etwas bedeutet, ist Karin. Nach vier Tagen ohne Lebenszeichen von ihr setzt er sich ins Auto seines Vaters und fährt nach Limnäs Gård.

KAPITEL 38

7. Juli 1932

Vielleicht bringt er sie um. Was wollte ich auch auf Limnäs Gård ausrichten. Aber ich hatte Fieber an diesem Tag und wusste kaum, was ich tat. Jetzt habe ich sie bloßgestellt, werde vielleicht schuld sein an ihrem Tod.

Aus Olof Lagercrantz' Tagebuch

Die Wälder werden dichter, die Bäume höher. Olof ist immer weiter ins Inland gefahren, auf immer schmaler werdenden Straßen. Ein Streifen Schotter führt ihn tief in den Urwald hinein. Hier ist er noch nie gewesen, mitten in Schweden, zehn Kilometer nördlich von Nora, dreißig Kilometer östlich von Filipstad. Er nähert sich dem Hof und geht vom Gas. Die Schotterstraße bringt ihn auf eine Anhöhe, und unten sieht er Wasser glitzern, ein paar Häuser, die zum See ausgerichtet dastehen.

Er ist da. Er stellt das Auto auf einer Lichtung ab und folgt einem Weg mit überwachsenen Reifenspuren zum Wasser hinunter. Als er am Ufer ankommt, öffnet sich vor ihm eine Wiese, und weiter drüben, wo die Wiese endet, erhebt sich der Hof. Er geht den schmalen Kiesweg entlang. Vor dem Haus tauchen plötzlich zwei Gestalten auf, die sich ihm nähern. Die Entfernung ist so groß, dass er ihre Gesichter nicht erkennen kann. Sind es Arbeiter vom Hof? Nein, es sind ein Mann und eine Frau. Er geht ihnen entgegen, es dauert noch ein paar weitere Sekunden, bis er begreift. Er hält inne. Es sind Karin und Sven.

»Oh, mein Gott«, murmelt er.

Auch Karin und Sven bleiben stehen, sie sind noch weit entfernt, aber er sieht, dass sie zu ihm herüberschauen. Sven zeigt mit dem Finger. Olof handelt instinktiv. Ganz langsam dreht er sich um und geht zum Auto zurück. Er weiß nicht, ob sie ihn erkannt haben, er trägt einen Hut, vielleicht nutzt das als Verkleidung? Er will laufen, um sein Leben rennen, aber ihm ist klar, dass es verdächtig wirken würde. Und so geht er langsam zurück, als befände er sich auf einem Spaziergang und wollte die Natur um sich herum genießen. Er weiß nicht, was hinter ihm vorgeht, ob Sven ihm folgt, und er kann sich nicht umdrehen.

»Hallo!«

Svens Rufen erstirbt im Wind, aber Olof hört es deutlich. Er geht weiter, er hat jetzt beinahe den Fuß des Hügels erreicht, auf dessen Kuppe das Auto steht. Er hört aufgeregtes Geschrei, mehrere Männerstimmen aus unterschiedlichen Richtungen.

»Einbrecher!«, brüllt Sven.

Olof dreht sich um und sieht zwei Knechte aus dem Stall treten. Sven läuft los. Direkt auf ihn zu. Zielstrebig und viel schneller, als man es einem so kranken Mann zutrauen würde.

»Ergreift ihn!«, ruft er.

Die beiden Knechte laufen ebenfalls los, jetzt sind es drei Männer, die Olof verfolgen. Er sieht die Wut in Svens Gesicht und entscheidet unmittelbar: Er muss um sein Leben rennen. Den Hügel hinauf und dann noch die hundert Meter den Schotterweg entlang zum Auto. Er ermüdet schnell, er hat keine Ausdauer, nur der Wille treibt ihn an, als er das letzte Stück rennt. Hinter sich hört er ihre Stimmen. Panik überfällt ihn, als ihm einfällt, dass das Auto keinen Startknopf hat, sondern angekurbelt werden muss. Beim ersten Versuch klappt es nicht. Auch der zweite Versuch misslingt. Die Rufe hallen hinter ihm. Endlich springt der Wagen an, Olof wirft sich hinein und fährt los. Er sieht Stolpe und die Knechte im Rückspiegel, wie sie mit den Händen auf den Knien dastehen und ihm hinterhersehen.

Er versucht, sich zu beruhigen. Er fährt, ohne zu wissen, wohin, er fährt schnell, und noch als er Örebro erreicht, schaut er nervös in den Rückspiegel, um sich zu versichern, dass nicht Sven plötzlich im Chrysler hinter ihm auftaucht.

Er begreift es einfach nicht.

Was ist passiert? Warum ist Sven auf dem Hof? Karin

hatte sich doch von ihm getrennt. Sie war frei, sie brauchte Sven nie wiederzusehen. Von jetzt an gehörten sie nur noch einander. In Djurgården hatten sie Pläne für ihr gemeinsames Leben gemacht. Was anschließend auf Limnäs Gård passiert ist, kann er nur ahnen, eine Möglichkeit ist albtraumhafter als die andere. Ein Gedanke, der ihn nicht loslassen will: Hat Karin sich entschlossen, doch zu Sven zurückzukehren?

Das kann nicht sein. Es darf nicht sein.

Auf der E18 braust Olof Richtung Stockholm. Er versucht, einen klaren Gedanken zu fassen, seine Eindrücke zu sortieren, Lücken zu füllen, und immer wieder überfällt ihn dieselbe Angst: Hat Sven ihn erkannt? Er ist sich nicht sicher. Sie waren weit voneinander entfernt. Und Sven hat »Einbrecher« gerufen, was darauf hindeuten würde, dass er ihn für einen herumstreunenden Dieb gehalten hat. Aber wenn er ihn doch erkannt hat – was tut Sven dann mit Karin? Er weiß, wozu Sven Stolpe fähig ist.

Wütend schlägt Olof mit der Hand aufs Lenkrad.

Er weiß, dass er Karin in Gefahr gebracht hat.

KAPITEL 39

7. Juli 1932

Das ganze Leben erscheint mir wie ein einziger Albtraum. Vielleicht wache ich eines Tages auf und stelle fest, dass ich alles nur geträumt habe. Und dass ein reiches und schönes Leben vor mir liegt.

Aus Olof Lagercrantz' Tagebuch

Schon von der Treppe aus erblickt Karin ihn am anderen Ende der Wiese. Es ist etwas an seinem Gang, leicht zurückgelehnt, das sie aus Hunderten von Metern Entfernung erkennen würde. Sie kann nichts weiter tun, als sich nichts anmerken zu lassen und weiter in Richtung der Gefahr zu gehen. Nach einer Weile entdeckt ihn auch Sven.

»Wer kommt denn da?«, fragt er.

Er betrachtet die Gestalt, die plötzlich innehält.

»Warum bleibt er stehen?«

»Keine Ahnung«, erwidert Karin.

Sven steht mitten auf dem Kiesweg und schaut zu dem Mann hinüber, der zurückschaut. Er blinzelt in die Sonne.

»Ist das nicht Olof?«, fragt Sven.

»Olof? Nein, wieso auch?«

»Ich weiß es nicht«, sagt er. »Aber er sieht aus wie Olof.«

Der Mann dreht sich um und geht in die Richtung, aus der er gekommen ist. Sven folgt ihm.

»Hallo!«, schreit er.

Er beschleunigt den Schritt und ruft die Knechte herbei. Und dann setzen sie ihm nach, in einer plötzlichen Aggression, die Karin am ganzen Körper zittern lässt. Sie kehrt zur Terrasse zurück und nimmt auf den steinernen Stufen Platz. Blickt zum Hügel, den hinauf sie verschwunden sind.

Ihr erster Impuls ist zu fliehen. Wie kommt sie hier schnell weg? Sie hat keinen Führerschein und kann Svens Auto nicht fahren. Und ihre Mutter ist über Nacht in Göteborg. Der nächste Nachbar wohnt mehr als zehn Kilometer entfernt. Sie ist allein im Haus, mitten im Nirgendwo, mit einem Mann, der sich nicht unter Kontrolle hat und der sie vielleicht bei einem Vergehen erwischt hat, für das er ihr wiederholt mit dem Tod gedroht hat. Vielleicht könnte sie in den Wald fliehen, aber die Wahrheit ist, dass sie, selbst wenn es ihr gelingen würde, keinen Meter weit käme, denn ihre Beine tragen sie nicht. Die Tür zum Schlafzimmer ist mit einem Schloss versehen, dort könnte sie sich zumindest einsperren, aber nicht einmal die paar Schritte kann sie bewältigen. Der Mut, den sie empfunden hat, als sie ihm gesagt hat, dass sie sich trennen will, und hierhergefahren ist, ist verpufft. Seit Svens Chrysler auf den Hof eingebogen ist, kann sie keinen klaren Gedanken mehr fassen. Er trat ein, ohne anzuklopfen, und sie bekam kein Wort heraus. Verwirrt lief sie durchs Haus, plötzlich nicht mehr in der Lage, die einfachsten Dinge auszuführen. Als er um Kaffee bat, hatte sie vergessen, wie man die Kaffeemaschine bedient.

Sie sieht Sven wieder den Hügel herunterkommen. Sie kann seinen Gesichtsausdruck nicht deuten. Reiß dich zusammen, denkt sie. Jetzt gilt es. Er ist nur aus Fleisch und Blut.

Sven baut sich vor ihr auf.

»Es war tatsächlich Olof, ich habe ihn erkannt, als er ins Auto gesprungen und davongefahren ist.«

»Ach«, sagt sie. »Das ist ja seltsam.«

»Hast du hinter meinem Rücken eine Affäre mit Olof Lagercrantz?«

KAPITEL 40

1988

»Das ist also dein endgültiger Versuch, mich zu töten. Das willst du also, jetzt verstehe ich, du willst mich umbringen!«

Ich sitze im kühlen Dunkel der Treppe, die zu den Schlafzimmern hinaufführt, und lausche durch die dünnen Wände dem Streit meiner Großeltern. Oma hat gesagt, ich soll mich hinlegen, aber ich will verstehen, was ich falsch gemacht habe. Ich versuche, mir aus den verbalen Attacken, Beschuldigungen, Ausfällen und Schreiereien meines Großvaters ein Bild zu machen, um es irgendwie zu begreifen, aber es gelingt mir nicht.

Was ist bloß passiert?

»Sechzig Jahre hast du diese Briefe aufbewahrt, sie vielleicht als kleine Nachtlektüre gelesen. Jeden Abend, sechzig Jahre lang!«

Sie wechseln ständig das Zimmer. Großvater brüllt Oma in der Küche an, da flieht sie ins Wohnzimmer, wo ich sie schlechter hören kann, Großvaters Stimme wird dumpf und blechern. Dann verlegt sich das Geschehen in den Flur, und so geht es immer weiter, bis sie wieder in der Küche sind. Er verfolgt sie mit seinem Hass durchs ganze Haus.

Ich weiß nicht, wie lange ich schon hier sitze. Ich habe keine Uhr und jedes Zeitgefühl verloren. Einmal frage ich mich, ob er ihr wehgetan hat. Da ist das Geräusch eines Aufpralls, das ich nicht einordnen kann, und Oma stößt einen spitzen Schrei aus, aber ich bin mir nicht sicher. Es lässt sich so schwer ausmachen, was passiert.

Die Tür öffnet sich, und da steht er plötzlich, den Blick auf mich auf der Treppe gerichtet. Ich weiß, dass ich mich im Stockfinstern befinde und er mich nicht sehen kann, deshalb rühre ich mich nicht und beobachte ihn, mit dem unangenehmen Gefühl, dass sein Blick mich durchbohrt. Dann dreht er sich zum Schrank um, zieht seinen Mantel an, geht zur Haustür und wirft sie hinter sich ins Schloss.

Ich schleiche mich die Treppe hinunter und blicke ihm durchs Fenster nach. Auf unsicheren Beinen humpelt er durch den Schneesturm, überquert den Zebrastreifen an der Straßenkreuzung und setzt sich auf die Parkbank. Und da sitzt er dann. Er tut nichts, starrt nur auf die Straße. Auch das verstehe ich nicht.

Ich betrete die Küche. Oma hat sich an den Tisch gesetzt und die Hände über dem Wachstuch gefaltet.

Als ich hereinkomme, lächelt sie still.

»Bist du noch wach?«

»Ja«, sage ich und nehme ihr gegenüber Platz. »Großvater ist nicht weit gegangen«, sage ich.

»Ich weiß«, sagt Oma. »Er sitzt auf der Parkbank auf der anderen Straßenseite. Das tut er hin und wieder.«

»Warum?«

»Früher ist er weiter weggegangen, manchmal war er ganze Nächte fort. Aber jetzt schafft er das nicht mehr. In einer Stunde oder so kommt er wieder rein.«

»Entschuldige, dass ich ihm die Briefe gezeigt habe.«

Oma nimmt meine Hand zwischen ihre und streichelt sie.

»Es war nicht deine Schuld, mein Schatz. Das darfst du nicht glauben. Alles, was heute Abend passiert ist, ist nicht deine Schuld. Es ist seine Schuld.«

»Was waren das für Briefe?«, frage ich.

»Das ist eine lange Geschichte. Erst mache ich dir eine Tasse Kakao.«

Sie holt die Blechbüchsen aus dem Schrank, eine für Kakao, eine für Zucker, es ist, als sammle sie sich mithilfe der gewohnten Handgriffe. Je mehr sie hantiert, desto entschiedener werden ihre Bewegungen. Ich mustere ihre zarte Gestalt, sehe, dass ihr Haarnetz ein wenig verrutscht ist. Sie ist so klein, aber da ist etwas in ihrem Blick und wie sie sich hält. Irgendwie wirkt sie stärker als vorher.

»Je länger mein Leben dauert, desto schwerer fällt es mir, meine Erinnerungen zusammenzuhalten«, sagt sie und setzt sich mir gegenüber an den Küchentisch. »Als ich jünger war, konnte ich mein Leben wie eine lange Kette von Ereignissen vor mir sehen, von meinen ersten Erinnerungen bis zur Gegenwart. Alles hing zusammen, Dinge passierten, schlimme Dinge, schöne Dinge, die einen geprägt haben. Aber heute, im Alter, bin ich wie gespalten, als wäre ich nicht mehr eine lange Reihe von Ereignissen, sondern mehrere verschiedene, die zueinanderstreben, ohne sich zu erreichen. Es gibt keinen Kontakt. Es ist wie ein Albtraum, und manchmal bekomme ich Angst, wenn ich eine Erinnerung abrufe – denn es kommt mir vor, als wäre es gar nicht meine. Es ist die einer anderen Person, es ist einer anderen Karin passiert.«

Sie schaut mich mit ihren dunklen Augen an und lächelt.

»Ich bin eine unglückliche Internatsschülerin in einer Mädchenschule in der Schweiz, die ihrer Mutter schreibt und fragt, ob sie nach Hause darf. Ich bin eine junge Mutter, die mit dem Baby an der Brust in eine tiefe Depression fällt. Ich bin ein sechsjähriges Mädchen, das von seinem Vater auf einem Bahnsteig in Berlin vergessen wird. Die Erinnerungen werden zu kleinen Inseln, die nicht miteinander kommunizieren. Und je älter ich werde, desto weniger denke ich an die Unmengen von Dingen, die mir zugestoßen sind. Stattdessen denke ich an die noch größere Menge, die nicht passiert ist. Das Gewicht all dessen, was nicht passiert ist, ist gewaltig.«

»Das verstehe ich nicht«, sage ich.

»Es gibt ein Gedicht von Edith Södergran, das heißt

Das Land, das nicht ist. ›Ich sehne mich nach dem Land, das nicht ist‹, sagt sie in dem Gedicht, ›denn alles, was ist, bin ich müde zu begehren.‹ Es gibt Leute, die sagen, das Land, das nicht ist, bedeute den Tod, dass Edith Södergran sich nach dem Tod gesehnt habe. Aber für mich ging es in diesem Gedicht immer um das Gegenteil. Das Land, das nicht ist, ist die andere Seite der Wirklichkeit, es ist ein Ort für Träume – es ist die Summe all dessen, was hätte passieren können, aber nie passiert ist. Und für mich ist das Land, das nicht ist, oft ein schönerer Ort gewesen als die Wirklichkeit. Und manchmal sehne ich mich nach dem Land, das nicht ist. Ich sehne mich nach alldem, was nie geschehen ist. Deshalb kann ich mir selbst manchmal erlauben, diesen Ort in Gedanken zu besuchen. Und so ist es mit diesen Briefen.«

Sie hebt einen von ihnen auf, der zu Boden gefallen ist und faltet ihn behutsam zusammen. Dann steckt sie ihn wieder in seinen Umschlag.

»Diese Briefe sind das Land, das nicht ist. Diese Blätter und was darauf steht, sind das, woran ich denke, wenn Södergran das ›Land, wo all unsere Wünsche sich wunderbar erfüllen‹, das ›Land, wo unsere Ketten fallen‹, das ›Land, wo wir unsere zermarterte Stirn im Mondtau kühlen‹, beschreibt. Darin liegt nichts Schlimmes, ich tue damit nichts Unrechtes, und es ist kein Verrat. Es bin nur ich, die manchmal darüber nachdenkt, wie das Leben geworden ist, wie ich hier gelandet bin, und über Dinge, die nie geschehen sind.«

Sie dreht den Teelöffel um und nimmt mit dem Stiel die Haut ab, die sich auf dem heißen Kakao gebildet hat.

»Ich weiß nicht, ob du das richtig verstehen kannst – jetzt. Aber was ich sagen will, ist, dass ich das, was ich mir selbst einmal versprochen habe, nicht halten konnte. Man muss versuchen, das Leben mit Dingen zu füllen, die einen zufrieden machen, und manchmal kann man vielleicht auch nach Höherem streben und versuchen, glücklich zu werden und die Dinge, die einen glücklich machen, nicht auf die andere Seite hinübergleiten lassen. Sobald man das Gefühl hat, das Land, das nicht ist, sei verlockender als das Land, in dem man ist, ist man übel dran.«

»Empfindest du es denn so?«, frage ich.

»Ja, vielleicht.«

»Aber wie ist es dazu gekommen?«

»Ich hatte keine Wahl.«

»Wieso?«, frage ich. »Jeder hat doch eine Wahl.«

Sie rührt behutsam den Kakao um.

»Es sind Dinge passiert, ziemlich schlimme Dinge.« Sie schaut aus dem Fenster. »Aber das ist nichts, worüber wir jetzt zu reden brauchen.«

KAPITEL 41

9. Juli 1932

Karin, Karin, höre mich, auch wenn Du weit fort bist. Dir darf nichts geschehen. Du musst unversehrt bleiben, für mich und unser gemeinsames Leben.

Aus Olof Lagercrantz' Tagebuch

»Bitte, Sven«, sagt Karin, »fahr langsamer!«

Er antwortet nicht. Er beschleunigt, sie sieht seinen finsteren Blick, er ist nicht mehr erreichbar.

»Halt an und lass uns in Ruhe reden.«

»Ich habe nicht vor, mit einer Frau zu leben, die mich betrügt«, brüllt er.

Die Angst ist mit Händen zu greifen. Straßenschilder, die hinter ihnen verschwinden. Alles schrumpft, auch die Gedanken, es ist kein Sauerstoff mehr darin. Sie fleht um ihr Leben.

Sagt: »Bitte verzeih.«

Er beschleunigt noch mehr. Das Auto ist nicht für dieses Tempo gemacht, die Karosserie zittert, der Motor röhrt. Weiter vorn kommt eine Hügelkuppe, dort biegt die Straße scharf links ab. Als er nicht langsamer wird, begreift sie, was er vorhat.

»Gott steh mir bei«, murmelt sie.

Ein langer, runder Vokal dringt aus Svens Kehle, er beginnt kaum hörbar, wird aber lauter, je näher sie der Kuppe kommen. Das Auto durchbricht die niedrige Leitplanke. Karin reißt schützend die Arme vors Gesicht. Als würde das irgendetwas nützen. Mit hundert Stundenkilometern fährt Sven über den Abgrund.

Die Sekunde der Stille, bevor man zerquetscht wird.

Sie will nicht sterben. Es gab Zeiten, da sie es wollte. Als sie in diesem Keller in Kopenhagen lag und plötzlich dachte, etwas wäre schiefgegangen und das Leben würde langsam aus ihr herausrinnen. Während der langen Phasen der Depression, als sie nicht aus dem Bett aufzustehen vermochte, da hat sie oft gedacht, dass der Tod eine Erlösung wäre. Aber jetzt spürt sie vielleicht zum ersten Mal, dass es Dinge gibt, für die sie leben will. Eine plötzliche, verzweifelte Trauer, Panik, das Leben könnte tatsächlich zu Ende sein.

Karin erwacht im Krankenhaus. Man erzählt ihr, das Auto sei zehn Meter geflogen, auf dem Dach gelandet und anschließend zwanzig Meter den Hügel hinuntergerutscht. Es habe Feuer gefangen, kurz nachdem es zum Stillstand kam. Ein Passant sei herbeigelaufen, um sie aus dem brennenden Auto zu ziehen, mit seiner Jacke habe er versucht, das Feuer zu löschen, das ihren Körper bereits erfasst hatte. Dass sie eilends ins Krankenhaus gebracht worden sei, wo man sie fünf Stunden lang operiert habe. Sie haben versucht, ihren verbrannten Körper zu retten, haben Haut von ihrem Oberschenkel genommen, um ihren Hals und ihren Brustkorb zu flicken.

Sven hat sich die letzte Rippe auf der linken Seite gebrochen und wird lange nicht gehen können. Karin und er liegen nebeneinander im Krankenhaus, im selben Zimmer. In den ersten Stunden, nachdem sie von ihren Operationen erwacht sind, ist es voller Leute. Krankenschwestern, die sie überwachen, Ärzten, die am Fußende ihrer Betten stehen und über ihre Werte diskutieren. Das Personal kommt und geht, Türen schlagen, und immer wieder hört Karin neue Stimmen, wie ein schwaches, aufgeregtes Murmeln aus der Ferne. Sie denkt, je mehr Menschen da sind, desto schlimmer steht es um sie. Sie hält die Augen geschlossen, wagt nicht, sie zu öffnen. Es klingt, als wären es zwanzig Personen, die um sie herumspringen, um ihr Leben zu retten.

Die Stimmen werden im Lauf des Nachmittags weniger, und als es Abend wird, sind Karin und Sven zum ersten Mal allein. Er versucht, sich ihr zuzuwenden, hat aber solche Schmerzen, dass er es aufgeben muss. Sie hört ihn schwer atmen.

»Karin«, sagt er.

Sie antwortet nicht.

»Ich wollte überholen. Ich habe den entgegenkommenden Wagen zu spät gesehen. Deshalb musste ich ausweichen, und so sind wir von der Fahrbahn abgekommen. Es war ein schrecklicher Unfall.«

Karin schaut zur Decke. Sieht, dass die Lampe nicht funktioniert, wahrscheinlich müsste die Birne gewechselt werden. Lautlos beginnt sie zu weinen.

»Sind wir uns einig?«, fragt er.

»Ja«, antwortet sie.

KAPITEL 42

Ich bin zurück in der Sigtuna-Stiftung, wo alles begann. Zwischen den steinernen Mauern plaudern Konferenzgäste, und keiner von ihnen weiß, welches Drama sich hier einst abgespielt hat. Zwei Hotelgäste haben sich auf der sonnenbeschienenen Bank am Springbrunnen im Innenhof niedergelassen, genau dort, wo Karin vor fünfundachtzig Jahren gelegen und ihren Tagträumen von Olof nachgehangen hat. Sie rauchen in der Morgensonne, drücken die Kippen aus und gehen hinein. Vielleicht würden sie diesem Ort respektvoller begegnen, wenn sie wüssten, was sich vor vielen Jahren hier zutrug.

Ich gehe in den Salon und stelle mich ans Fenster, an dem auch Olof stand, als er in den Stunden, bevor Karin und Sven die Stiftung überstürzt verließen, so verzweifelt versuchte, hinter den Schlafzimmervorhängen einen Blick auf Karin zu erhaschen. Das erhalten gebliebene alte Holz-Flipperspiel, mit dem er seine Gedanken zerstreute, steht an eine Wand gelehnt.

Ich betrete das Schlafzimmer namens »Linné«, das damals als schönstes Zimmer der Stiftung galt und immer für Sven Stolpe reserviert wurde, wenn er zu Besuch kam. Es ist kleiner, als ich es mir nach Olofs Beschreibung im Tagebuch vorgestellt habe. Ein Bett, ein Schrank und ein Schreibtisch am Fenster mit Blick auf den Mälar-See. Dort also hat Sven gesessen und geschrieben, der junge Mann mit dem dunklen Gepäck, und dort auf dem Bett saß sie, die junge Frau, und träumte von einem anderen Leben.

Ich gehe wieder hinaus und umrunde das Gebäude, komme an einem Kräutergarten vorbei. Gegenüber erheben sich die Nadelbäume. Ich rufe mir ins Gedächtnis, wie Olof seinen und Karins ersten Kuss beschrieben hat; sie saßen im Wald hinter der Stiftung, »auf einer Lichtung zum Sonnenuntergang – unterhalb von uns graste ein Pferd, ansonsten war alles still«. Ich trete zwischen die hohen Bäume. Genau hier sind sie gegangen, ich kann es vor mir sehen, wie Olof an schwierigen Stellen Karins Hand nahm.

Ich gehe weiter eine Steigung hinauf, auf der anderen Seite öffnet sich eine Lichtung, und auf der kleinen Wiese steht ein großer Stein mit zwei runden Kuhlen. Ich brauche einen Augenblick, um zu begreifen, dass das der Stein ist, den Olof in seinem Tagebuch beschreibt. Hier haben sie an jenem Abend gesessen und den Sonnenuntergang betrachtet. Hier haben sie einander zum ersten Mal geküsst. Hier hat es angefangen, und hier gehörte die Zukunft ihnen. Nach diesem Moment haben sie sich immer zurückgesehnt.

»Ach, unser Berg und der dunkle Wald«, schreibt Olof viel später in sein Tagebuch. »Die Sonne war untergegangen und die Wolken hingen schwer und bleigrau. Dennoch war alles so hell und wunderbar. Von fern der Gesang einer Drossel, schöner und klarer als je zuvor. Karin schmiegte sich mit solcher Zuversicht an mich, solchem Vertrauen. Mit ihrem unbeschreiblich schwarzen Haar, ihren dunklen Augen, ihrer weißen Haut.«

Ich kehre zur Stiftung zurück. In der Bibliothek hängt ein Foto von Sven aus den frühen Dreißigerjahren, auf dem er am Fuße der Stiftungsmauer steht. Ich betrachte die scharfen Konturen seines Gesichts. Die schmalen, angespannten Lippen. Den akkuraten Mittelscheitel. Die beinahe unsichtbaren Augenbrauen. Die schwarzen Augen. Ich weiß jetzt, was sich hinter diesen Zügen verbirgt. Desillusion, Narzissmus und Einsamkeit. Ein schwerkranker Mensch mit Wahnvorstellungen, die ihn für alle, die ihm nahekamen, gefährlich machten.

Oder bin ich ungerecht?

Ich habe meine Zweifel an den Geschichten gehabt, die mir zuteilgeworden sind. Habe gedacht, dass es Sven gegenuber nicht fair ist, nur Olofs und Karins Version dessen anzuhören, was damals passiert ist. Vielleicht haben sie übertrieben? Vielleicht stellen sie Sven nur als Monster dar, um ihre Liebesaffäre zu rechtfertigen?

Kann man zum Beispiel mit Sicherheit behaupten, dass Sven Stolpe versucht hat, seine Frau Karin bei dem Autounfall zu töten? Es ist mir wichtig, hier die Wahrheit herauszufinden, denn wenn es tatsächlich so war, dann wäre das der schwärzeste Moment in der Familiengeschichte gewesen, der Punkt, an dem Sven endgültig alles ins Dunkel taucht, was anschließend über Generationen geschehen wird. Dann ist dieser Unfall die Atombombe, die alles verändert.

Ich lege das Puzzle sehr sorgfältig. Das Erste, was ich dazu finde, stammt aus einem Brief, den Oma nach dem Unfall geschrieben hat. Olof reagiert bestürzt. Ständig hat er Angst, es könne noch einmal passieren. In sein Tagebuch schreibt er: »Heute Nacht schon kann er sie töten. Sie darf nicht länger bei Sven leben. Sie muss fort von ihm. Sie darf nie wieder mit ihm Auto fahren.« In seinen Briefen bittet er sie inständig, sich nicht mehr zu Sven ins Auto zu setzen: »Ich ertrage den Gedanken nicht, dass Sven jederzeit auf die Idee kommen kann, Euch beide zu Tode zu fahren.«

Nun könnte es natürlich sein, dass Karin Olof darüber belügt, was im Auto geschehen ist, oder dass sie es missdeutet hat. Um absolut sicher zu sein, bräuchte es ein Geständnis von Sven. Dann aber fällt mir ein Briefwechsel ein, den ich in der Universitätsbibliothek in Uppsala gelesen habe. Damals habe ich nicht verstanden, worum es eigentlich ging, aber jetzt wird es mir plötzlich klar. In einem Brief, den Svens Mutter im

August 1932 an ihren Sohn schreibt, zeigt sie sich enttäuscht, dass Sven so verantwortungslos war, das Auto kaputtzufahren. Sie hatte es ihm nämlich bezahlt. Darauf antwortet Sven: »Verantwortungslosigkeit beim Unfall? Hm. Und wenn es Absicht gewesen wäre? Wenn ich aus Verzweiflung von der Fahrbahn abgekommen wäre? Wenn ich vorhabe, dasselbe noch einmal zu tun, sobald ich das Auto wiederhabe? Falls Mutter zufälligerweise nicht begreift, welchem Druck ich ausgesetzt bin.«

Es wurde zu Karins und Svens Lebenslüge: der Mordversuch, der in einen Unfall verwandelt wurde. Ich erinnere mich an Karins zusammengeflickten Hals, den alle Enkelkinder anfassen wollten. All die Jahre baten wir sie immer wieder, uns die Geschichte zu erzählen, und jedes Mal war sie gezwungen, die Version wiederzugeben, die Sven ihr diktiert hatte. Karin redete nur ungern über den Unfall, Sven dagegen umso offener. Er verwandelte die Geschichte in eine Räuberpistole. Eine heitere Angelegenheit, über die er in seinen Büchern schrieb und von der er bei Abendgesellschaften erzählte.

Ich gehe ins Turmzimmer der Sigtuna-Stiftung, hier verliebte sich Karin 1930 in Sven, und hier wurde sie zwei Jahre später von ihm gedemütigt, als er vor Publikum sein Stück vorlas. Ich schiebe Tisch und Stühle ans Fenster und lege alle Briefe zwischen Olof und Karin auf den Boden. Ich sortiere sie in zwei Reihen, oben Olofs, darunter Karins, versuche, sie chronologisch zu ordnen, sodass sie miteinander kommunizieren. Manche Briefe sind nicht datiert, aber anhand von Details und Referenzen kann ich ungefähr einschätzen, wohin sie gehören. Die Briefe sind der Schlüssel, um zu verstehen, was im Anschluss an den Unfall geschehen ist.

Ich lege sie zusammen, sodass sie eine Geschichte ergeben.

Eine Liebesgeschichte ohne Happy End.

Nachdem Olof auf Limnäs Gård erwischt worden ist, schließt Sven sich drei Tage lang mit Karin ein und verhört sie über ihre Beziehung zu Olof. Sie verlassen kaum das Haus, die Gespräche dauern von morgens bis spät nachts. Zu Beginn leugnet Karin alles, doch am Ende knickt sie ein, vor Erschöpfung und aufgrund von Svens unbedingtem Willen, die Wahrheit herauszufinden. Als sie gesteht, verlangt er die Briefe zu sehen. Sie behauptet, sie hätte sie weggeworfen.

Das Erste, was Sven tut, ist, Olof Lagercrantz zu schreiben. Es ist das einzige Mal überhaupt, dass er sich direkt an seinen Erzfeind wendet. Er verfasst einen freundlichen Brief, in dem er Olofs unglückliche Liebe zu Karin bedauert. Anschließend rät er ihm, Trost im Schreiben zu suchen. Über Olofs Chancen bei Karin sagt er abschließend: »Karin ist eine intellektuell überragende Frau, in die jeder sich verliebt. Aber ich habe sie mittels so blutiger Kämpfe gewonnen, dass nicht einmal ein Erdbeben uns zu trennen vermöchte.«

Das Zweite ist, dass er versucht, sich und Karin das Leben zu nehmen, indem er das Auto bewusst über den Abgrund steuert.

Ich betrachte Karins Briefe auf dem Boden. Sie werden immer schwieriger zu deuten, je weiter ich in ihre Trauer vordringe, in Eile geschrieben, Zeugnis ihrer Angst. Nach dem Unfall schreibt sie kurz hintereinander drei Briefe an Olof.

Im ersten stellt sie klar, dass, sollte Sven die Briefe je zu Gesicht bekommen, es mit ihr vorbei wäre: »Sven wird verlangen, dass Du ihm alle Briefe zeigst. Jetzt möchte ich Dich bitten: Verbrenn sie, um Gottes willen! Und verrate mich nicht. Mein Leben hängt davon ab. Und Deines ebenfalls.« Im nächsten Brief dasselbe inständige Flehen: »Ich bitte Dich, Olof, verbrenn all meine Briefe.« Und im dritten: »Schreib mir, ob du die Briefe verbrannt hast, sonst finde ich keine Ruhe.« Und sie fügt hinzu: »Wenn Du Dich und mich mit einem Blick verrätst, ist alles verloren.«

Hier endet Karins Anteil an der Korrespondenz. Diese drei Briefe sind das Letzte, was Olof von ihr hört. Ich blicke auf Olofs Briefe. Seine Reihe ist länger als Karins. Obwohl er keine Antwort erhält, hört er nicht auf, ihr zu schreiben. Erst mit Versprechungen zu ihrer Liebe und in einer Art gezwungener Munterkeit, als würde er denken, ihre Beziehung könne weitergehen, als wäre nichts geschehen. Als sie aber nicht antwortet, wird er unruhig und traurig. »Warum schreibst Du nicht?«, fragt er in einem Brief vom 12. August 1932. »Was ist passiert? Ich bin krank vor Verzweiflung und muss wissen, wie es Dir geht. Ich liebe Dich, da gibt es kein Zurück.«

Als er auch weiterhin keine Antwort erhält, kehrt die Krankheit mit Macht zurück.

»Lieber 10 Jahre Sanatorium, als einen Tag mit Karin zu verpassen«, schrieb er in jenen Juni-Tagen in der Sigtuna-Stiftung. Jetzt kommt die Strafe: Die Schwindsucht bricht wieder aus.

Ich kann seine Krankheit chronologisch nachverfolgen und sehen, wie sich sein Zustand verschlechtert. Plötzlich werden die Briefe nicht mehr von ihm zu Hause in Stockholm aufgegeben, sondern im Romanäs Sanatorium. Die Ärzte machen ihm keine großen Hoffnungen, das Sanatorium wird zu seinem persönlichen Wartezimmer des Todes. Im Tagebuch fantasiert er über das Ende, er heißt es willkommen, denn er hat nichts mehr, wofür es sich zu leben lohnt. Doch er fügt hinzu: »Manchmal allerdings denke ich, ich verpasse so viel, wenn ich jetzt sterbe. Ich habe nie gesehen, wie Karin sich morgens das Haar macht, ich habe sie nie ein Kind im Arm halten sehen.«

Das Tagebuch wird zu einem Logbuch, in dem er Buch über seine Krankheit führt, verworrene Notizen über Fieber und die Verzweiflung der Liebe.

31. Juli
Für mich gibt es keine Zeit. Jede Minute ist eine Qual, die von einer anderen Qual abgelöst wird. Keine Grenzen. Werde ich sterben. Ich fühle mich furchtbar schlecht. Meine Lunge ist aus Eisen und mein Hals aus dünnem Porzellan. Wenn das Porzellan bricht, strömt das Blut in Sturzwellen über meine Lippen. Wenn ich an Karin denke, wird mir angst. Verzweiflung ergreift mich so tief, dass ich wie von Sinnen bin. Warum schreibt sie nicht. Karin, Karin, Karin.

1. August
Normalerweise soll das Punktieren wehtun. Aber heute hat der Doktor mich betäubt, was er bei den nächsten Malen nicht mehr tun wird. Das Schlimmste ist das Geräusch, wenn die Nadel in die Brust eindringt. Es knirscht wie zerbrechender Knorpel. Schreibt Karin nicht bald.

2. August
Schmerzen in der Brust. Fieber. Bald wieder Punktion. Nichts von Karin. Warum. Ich schaue auf ein Porträt von Lucrezia Crivelli, vielleicht von Leonardo. Es hat etwas, das an Karin erinnert. Ich kann die Augen nicht davon lassen. Ist etwas passiert. Warum schreibt sie nicht. Ich bin verzweifelt.

3. August
Wie dankbar ich für den Schmerz und die Anspannung bin. Sie helfen mir zu vergessen. Karin, warum hast du mich verlassen. Ich wünschte, das Punktieren täte doppelt so weh und die Schmerzen in der Schulter wären 4-mal so stark. Wo ist Karin jetzt. Was mag ihr zugestoßen sein.

4. August
Karin beherrscht alles, und ich weiß nicht, wo sie ist. Kann ich gesund werden, wenn sie mich verlässt. Nichts kann ich ihr bieten, wenn sie sich zur Scheidung entschließt. Eine Liebe und einen kranken Körper, wie weit kommt man damit.

Am Ende verstummt auch Olof. Er kann nicht mehr. Er hört auf, ihr zu schreiben. Sein Zustand verschlechtert sich, immer häufiger muss punktiert werden und die Tagebucheinträge werden seltener. Aber der Traum von Karin lodert immer noch in ihm, ein stilles, kraftloses Sehnen, den Herbst und den Winter und das ganze folgende Jahr über. Kleine unglückliche Notizen im Tagebuch, manchmal nur ein Wort: »Karin.«

Anderthalb Jahre vergehen.

Dann setzt Olof sich noch einmal an die Schreibmaschine für einen letzten Brief. Ich hebe das Blatt auf, das ganz am Ende der langen Reihe auf dem Boden liegt und setze mich auf einen Stuhl. Ich rufe mir ins Gedächtnis, wie Karin einst im Glücksrausch an Olof schrieb, sie lese seine Briefe so oft, dass sie jedes Wort auswendig kenne. Etwas Ähnliches gilt auch für mich und für diesen Brief. Ich lese ihn immer wieder. Ich kann nicht aufhören damit. Ein gebrochener Mann, der seine ganze Kraft zusammennimmt, um einen letzten Brief zu schreiben, den er den wichtigsten seines Lebens nennt. Sein letzter Versuch, ihr klarzumachen, dass sie zusammengehören. Ich streiche über das vergilbte Papier, über die Buchstaben, man kann die Tasteneinschläge unter den Fingerspitzen fühlen wie eine fünfundachtzig Jahre alte Blindenschrift. Noch einmal lese ich:

Wer Du jetzt bist, weiß ich nicht. Auch wo Du dieses Jahr gewesen bist, weiß ich nicht. Als Du oben in Bergslagen von mir gingst, da hast Du mich geliebt. Da wusstest Du, dass Du mit mir glücklich werden könntest. Was weißt Du jetzt? Ich schreibe diese Zeilen mit zitternden Händen. Ich selber habe es die ganze Zeit über gewusst und Dich mehr geliebt als mein Leben. Ja, als Du von mir gingst und ich dem Tod so nah kam, wie ein Mensch nur kann, da erst wusste ich, wie sehr ich Dich liebe. Und ich wollte sterben, weil meine Liebe mir in diesem Moment eher von einer anderen Welt als von dieser hier schien. Aber um Deinetwillen habe ich weitergelebt.

Nur Du kannst mich glücklich machen, und deshalb verlange ich Dich hiermit. Ich verlange alles:

dass Du Dich scheiden lässt und zu mir kommst. Was Du vergangenen Sommer gewusst hast, kannst Du heute vergessen haben, aber tief in Deinem Inneren wohnt die Gewissheit, wie auch in mir, dass wir die Dinge nie klarer gesehen haben als in jenem Moment, in dem wir begriffen haben, dass wir zusammengehören. Du magst es Dir ausgeredet haben. Du magst Dich weigern, zu mir zu kommen. Du magst mich leichtfertig meinem Elend überlassen, aber niemals wirst Du mich überzeugen, dass ich unrecht habe. Die Liebe, die mich dieses Jahr über am Leben gehalten hat, ist keine gewöhnliche Liebe. Kein Rückschlag, und sei er noch so heftig gewesen, hat sie zu Fall gebracht. Noch immer bin ich von anderen abhängig, aber meine Kräfte sind größer als irgendjemand ahnt. Deshalb mache ich mir jetzt keine Sorgen. Bescheidenheit ist in einem Moment, in dem »sein oder nicht sein« ausnahmsweise einmal wirklich auf dem Spiel steht, ebenfalls nicht am Platze. Dieser Brief ist der wichtigste meines Lebens. Antwortest Du, dass Du nicht kommen wirst, ist es für mich vorbei. Ich werde nicht schreien, nicht klagen. Ich werde schreiben und arbeiten und belogen werden und gelobt, aber es wird alles tot sein. Die vollständige und endgültige Vereinigung mit Dir, nur sie vermag etwas aus mir zu machen. Wenn sie geschähe, würden wir zusammen das Leben besiegen.

Wirkt dieser Brief wie ein Bettelbrief, so bitte ich

doch einzig und allein für Dich und mich und unsere Liebe. Du darfst Dich nicht selbst verleugnen. Für mich verlange ich nichts. Ich werde schon zurechtkommen, und das Leben dauert ja auch nicht ewig. Ich begreife nur noch nicht, dass Liebe so schrecklich sein kann. Ich wage in diesem Brief nicht einmal, Dich direkt anzusprechen. Es fühlt sich an, als hätte ich die ganze Zeit, während ich schrieb, an Dir vorbeigesehen, aus Angst, zu sehr von Deiner Schönheit ergriffen zu werden. Vielleicht hast Du mich dadurch als jemand Fremden empfunden, und vielleicht wird es Dich abschrecken, aber ich bin immer noch derselbe. Bin ich in diesem Jahr auch zehn Jahre gealtert, so ist doch das Wahrste und Beste in mir das Feuer, das Du vergangenen Sommer in mir entfacht hast, und daran ändert sich auch nichts.

Aber denke nicht mit Mitleid an mich. Denk lieber an Dein eigenes Leben und überlege, wie Du, wenn Du mutig wärst und Deinem Herzen folgtest, handeln würdest. Für mich bist Du alles, und ich würde alles für Dich tun. Immer, selbst wenn Du mir sagtest, dass Du nichts mehr für mich empfindest, nicht die geringste Liebe.

Olof

Der Brief wird aufgegeben, und zwei Wochen später erhält er ihn retour. Der Empfänger hat ihn nicht im Postamt abgeholt.

Ich sammle die Briefe wieder ein, lege sie sorgfältig in die Umschläge zurück und knote das rosa Band darum.

So endete ihre Geschichte.

Für Karin war das der Beginn von etwas ganz anderem. Sven wollte sie kurzerhand im Auto ums Leben bringen. Doch das misslang, und so brachte er sie Stück für Stück um, über Jahrzehnte hinweg. Und Karin fügt sich, wird immer kleiner, verstummt. Von der Karin, die Olof hier in der Stiftung kennengelernt hat, ist am Ende kaum noch etwas übrig. Doch in einer Kiste hebt sie all diese Briefe auf, über all die Jahre.

Sie wird älter, sie bekommt vier Kinder, sie zieht mit ihrem Mann, der sie permanent von der Umwelt isolieren will, an immer entlegenere Orte, und bei jedem Umzug nimmt sie die Briefe mit. Sie behält sie, obwohl ihr die Risiken bewusst sind. Wenn Sven sie fände, könnte es ihr Ende bedeuten, aber sie vermag sie nicht wegzuwerfen. Sie lebt ein Leben im Dunkeln, aber manchmal holt sie heimlich diese Briefe heraus und liest, ein paar gestohlene Augenblicke. Für sie sind sie lebensnotwendig, denn es sind die einzigen Male, dass Licht zu ihr hereinkommt.

KAPITEL 43

1988

Draußen bläst es so heftig, dass es unter den Dachsparren pfeift. Ich presse die Stirn an die Fensterscheibe. Der Himmel ist milchweiß, der Asphalt blau, der Schnee schmilzt, sobald er den Boden berührt. Oma hat den Küchenofen angemacht, ihre goldenen Ringe klirren, als sie vor dem Feuer die Hände aneinanderreibt.

»Wo ist Großvater?«, frage ich.

»Ich weiß es nicht genau. Ich glaube, er ruht sich aus.«

»Habt ihr euch wieder vertragen?«

Sie sieht mich an.

»Ja, natürlich. Mach dir keine Sorgen wegen uns. Denk nicht mehr daran.«

Ich sehe ihren Rücken in der Küche vor mir, die mit den Jahren von ihr abgenutzt worden ist. Sehe das ausgeblichene Schneidebrett mit seinen Tausenden Messerspuren. Das Regal mit den abgestoßenen Schütten aus dickem Glas. Ich betrachte den Topflappen, der an der Wand hängt, und er grinst mich an – er weiß, was ich getan habe, und verurteilt mich stumm dafür.

»Hast du alles gepackt? Wollen wir los?«

»Ja, aber der Bus fährt doch erst in einer Stunde.«

»Es ist besser, wenn wir uns frühzeitig aufmachen. Wenn du ihn verpasst, fährt der nächste erst in …« Sie hat es vergessen, geht zur Pinnwand, ganz nah heran, um den Fahrplan lesen zu können. Ich schaue wieder aus dem Fenster, zur Bushaltestelle, wo Großvater gestern nach seinem Wutanfall gesessen hat. Ich weiß nicht, wann er wieder reingekommen ist. Ich bin ins Bett gegangen, konnte aber nicht schlafen. Ich lag im Dunkeln, hellwach, und starrte an die Decke. Wenn draußen ein Auto vorbeifuhr, fiel das Licht der Scheinwerfer durch eine Ritze im Rollo, ein Lichtstreifen, der über die Wand glitt und verschwand. Ich folgte den immer wieder aufs Neue von der Straße her abgefeuerten Streifen. Ich war unruhig und hatte Angst, und ich fühlte mich schuldig; es lag an mir, dass er da draußen saß. Ich wusste nicht, ob er die Kälte überstehen würde. Ob er wegen der Glätte ausrutschen würde, wenn er beschloss, zurückzukehren. Ich dachte, er würde vielleicht sterben, und dann wäre ich dafür verantwortlich. Ich schlug Oma vor, ihn zu holen, aber sie meinte, es wäre besser, wenn er noch ein bisschen da sitzen könnte. Er würde schon wieder reinkommen, das täte er immer. Ich konnte nicht einschlafen, lag im Bett und lauschte auf Geräusche, eine Haustür, die geöffnet wird, ein elektrischer Stuhl, der vom Flur heraufrumpelt. Aber ich hörte nichts. Ich weiß nicht, wie lange ich so dalag, eine Stunde, vielleicht zwei. Dann muss ich eingeschlafen sein.

»14:20 Uhr«, sagt Oma.

»Was denn?«

»Der nächste Bus fährt nicht vor 14:20 Uhr.«

»Oh«, sage ich.

»Ja. Deshalb machen wir uns lieber jetzt schon auf den Weg.«

Wir gehen zu Fuß Richtung Filipstad Zentrum, am Wasser vorbei. Wenn wir am Denkmal des Dichters Nils Ferlin sind, zitiert Oma diesen immer, immer mit denselben Worten: »ich hab ziemlich magere Beine, und mager sind Arme und Hals.« Heute tut sie es nicht. Schweigend gehen wir nebeneinander her; um nicht auszurutschen, konzentriert Oma sich darauf, wohin sie ihre Füße setzt. Am Kiosk hält sie inne. Sie zieht einen Packen Papier aus der Tasche. Ich erkenne das rosa Seidenband sofort, es sind die Briefe von gestern, die ich in ihrem Schlafzimmer gefunden habe und die sie jetzt in einen größeren Umschlag steckt, diesen klebt sie zu und wirft ihn in den Briefkasten. Dann gehen wir weiter. Plötzlich verstehe ich noch weniger. Wem schickt sie diese Briefe und warum? Sie sagt nichts, und ich traue mich nicht zu fragen. Es geht mich nichts an.

Der Bus wartet schon mit laufendem Motor, die traurige junge Frau von der Busgesellschaft hakt die Namen auf ihrer Liste ab und stellt Fahrkarten aus. Oma gibt mir eine Schachtel Läkerol-Bonbons mit auf den Weg.

»Pass auf dich auf, kleiner Alexander«, sagt sie.

»Du auch«, antworte ich.

Ich steige ein, entdecke Oma auf dem Bürgersteig draußen, sie sieht klein aus zwischen den großen Männern, die die letzten Taschen und Koffer im Bus verstauen. Jemand schließt mit einem Knall die Gepäckluke, der Fahrer lässt sich auf seinen Sitz fallen. Wir fahren los. Ich schaue noch lange zu Oma auf dem Busbahnsteig zurück. Ich sehe ihr sanftes Lächeln, bald aber verschwimmen die Umrisse, sie schrumpft auf einen winzigen schwarzen Punkt zusammen, der mit der Stadt verschmilzt.

KAPITEL 44

Das letzte Puzzleteil finde ich an einem frühen Augustvormittag 2018 im Lesesaal für Spezialsammlungen der Königlichen Bibliothek in Stockholm. Ich habe nicht erwartet, etwas zu finden, aber jetzt sitze ich hier mit einem kleinen Umschlag in der Hand, und darin steckt ein quadratisches Blatt mit Karin Stolpes unverkennbarer Handschrift. Ein paar kurze Zeilen.

Ein letzter Brief.

Sie antwortet ihm endlich.

Spät in ihrem Leben. Je älter und kränker Sven Stolpe wurde, desto mehr wurde sie zu seiner Vollzeit-Pflegerin. Er verlor den Kontakt zur Wirklichkeit. Karin kaufte einen großen Papierbogen und zeichnete einen Stammbaum darauf, in den sie Fotos von sämtlichen Kindern und Enkelkindern klebte, dann zeichnete sie zur Erläuterung Pfeile zwischen den Familienmitgliedern. Jedes Mal, wenn Sven Besuch bekam, holte er den Stammbaum heraus und sagte: »Dann schauen wir doch mal …« Und dann musterte er denjenigen, der in der Tür stand und verglich ihn mit den Fotos am Stammbaum.

»Du bist Alex Schulman, Sohn von Lisette. Dann bist du also … mein Enkel.«

Jeden Tag lag er da und schaute sich die Fotos an, versuchte, die Zusammenhänge zu begreifen, schaute auf seine eigene Familie und in die Verwüstungen, die er angerichtet hatte. All die Biografien, die er zerstört hatte. Das Erbe von Hass, mit Geschwistern, die nicht mehr miteinander redeten, hinter jedem Namen lauerten Konflikte und lebenslange Feindschaften. Er war schuld an allem, doch das machte ihm sein Leben lang nichts aus, schon gar nicht am Ende, als er Mühe hatte zu verstehen, wer er überhaupt war. Wenn ich zu Besuch kam, wollte er oft, dass ich ihm etwas über ihn selbst erzählte. Die drolligen Geschichten aus seinem Leben, die mir in Kindheit und Jugend erzählt worden waren, gab ich ihm jetzt wieder, und er lauschte interessiert und mit großen Augen. Seine Lieblingsgeschichte, die er immer aufs Neue hören wollte, war die, wie er zum Essen bei seinem Schriftstellerkollegen Frans G. Bengtsson eingeladen war. Es wurde reichlich getrunken, und beim Avec gestand Bengtsson, dass er Stolpes Bücher nie wirklich gemocht habe. Sven war gekränkt und zog ein missmutiges Gesicht. Da versuchte Bengtsson, ihn zu trösten: »Aber, lieber Sven, verstehe doch, ich kann nicht dich nicht leiden, sondern nur deine Bücher.« Darauf Sven Stolpes Antwort: »Lustig – bei mir ist es genau umgekehrt.«

Während ich erzählte, sagte er nicht viel, aber er hörte sehr genau zu, und wenn er etwas Sensationelles zu hören bekam, wie etwa seine schlagfertige Antwort auf Bengtsson, brüllte er vor Begeisterung.

Es war merkwürdig und vielleicht ein Zeichen dafür, dass, auch wenn seine Lebensgeister schwanden, sein Narzissmus bis zum Ende erhalten blieb, aber ich fand es vor allem rührend, weil diese Geschichten einen kranken Mann an eine Zeit erinnerten, als er stark und vital war. Sie gaben ihm Hinweise darauf, wer er eigentlich war. Er klammerte sich an diese Bruchstücke seines Lebens, um zu verhindern, dass er sich ganz auflöste. Denn er wurde immer verwirrter. Einmal kamen meine Mutter und ich zu Besuch. Wir baten Sven, mir eine Widmung in ein Buch zu schreiben. Er nahm den Stift.

»Wie heißt du?«, fragte er.

»Alex«, antwortete ich.

»Ach, stimmt«, sagte er.

Er schrieb meinen Namen und legte dann den Stift weg und schloss die Augen. Ich dachte, er wäre erschöpft und müsse sich kurz ausruhen. Nach einer Weile blickte er auf. Sah mich panisch an.

»Und ich?«, fragte er. »Wie heiße ich?«

Als er eines Nachmittags 1994 sauer auf Karin wurde, schrie er: »Ich lasse mich scheiden!« Da war er neunundachtzig Jahre alt. Karin berichtete es der Familie als witzige Anekdote, denn es hatte etwas Tragikomisches – ein bald neunzigjähriger, schwer dementer Mann, der nicht mehr allein aus dem Bett kommt, will sich von der Frau trennen, die ihn pflegt. Im Nachhinein aber, mit dem Wissen, das ich jetzt habe, ist es natürlich eher tragisch als komisch. Die vielen Male, die Karin ihn im Lauf der Jahre um die Scheidung gebeten und die er stets verweigert hat. Die Gefangenschaft, in der er sie jahrzehntelang gehalten hat. Seine wiederkehrenden Drohungen, aller Welt mitzuteilen, was für eine verdorbene Person sie war, wenn sie ihn verließe. Seine panische Angst davor, allein zurückgelassen zu werden, die sich in immer drohenderem Verhalten ihr gegenüber ausdrückte. 1932 hatte sie ihn das erste Mal um die Scheidung gebeten – sechzig Jahre später war er einverstanden.

Eines Morgens, als Karin ihm das Frühstück bringen wollte, war er tot. Das war am 26. August 1996. Sven wollte zeitlebens in Vadstena begraben werden. In seinem Testament hielt er fest, sein Grabstein solle in der Klosterkirche in der Stadt errichtet werden, doch das wurde ihm verwehrt, und so landete er stattdessen auf dem neuen Friedhof von Vadstena. Er selbst hätte es wohl als letzte Kränkung aufgefasst, arrangiert von seinen festangestellten Feinden.

Der Trauergottesdienst in Filipstad wurde vor etwa fünfzig Menschen abgehalten. Drei Fotografen standen vor der Kirche und fotografierten die Gäste, als diese sich auf den Heimweg machten. Ein bekannter Kneipenbesitzer, der Sven Stolpe aus dessen Zeit in Värmland kannte, erzählte einem Journalisten, es sei eine sehr schöne Zeremonie gewesen, und fügte scherzend hinzu: »Aber hinterher gab es kaum was zum Kaffee.« Nachdem der Artikel veröffentlicht worden war, setzten sich in der Familie sofort die Hass-Mechanismen in Gang. Telefonate untereinander, aufgeregte Stimmen in der Nacht. Was meinte er nur damit? Wie konnte er es wagen? Zwei von Svens Kindern schrieben an den Wirt, seine Aussage sei unverzeihlich, und hiermit kündigten sie ihm die Freundschaft auf. Dieser Konflikt war jedoch nur eine erste Brise, bevor der richtige Sturm losbrach, der Streit ums Erbe, in dem die Geschwister sich bis aufs Blut bekriegten und Feindschaften entstanden, die in einigen Fällen bis heute andauern. Sven Stolpe war die Wurzel des Dunklen in der Familie, aber mit seinem Tod war der Fluch nicht gebrochen, das Gift lebte weiter. Es brach keine neue Zeit des Verständnisses und der Versöhnung an.

Karin Stolpe war bei Svens Tod neunundachtzig. Ich besuchte sie auch weiterhin, aber nicht mehr so häufig wie früher. Es war, als wäre in ihrem Haus die Zeit stehen geblieben. Dieselben Blechdosen mit Zucker und Kakao auf der Anrichte. Der stumme, reglose elektrische Stuhl, der im Schein des Kronleuchters in der Eingangshalle glänzte. Svens Pflegebett unverrückt, an einer der Schlafzimmerwände lehnte der Stock, mit dem er gegen den Heizkörper geschlagen hatte, wenn er Aufmerksamkeit erwecken wollte. Ich dachte, Karin würde sich einsam fühlen, in den Jahren nach Svens Tod. Aber so sah sie es gar nicht. Sie hatte ihre Bücher, und sie konnte telefonieren, und nach Svens Tod war es einfacher für ihre Kinder, Enkel und Urenkel sie zu besuchen – jetzt, da es nicht mehr verboten war zu heulen.

In Karins letztem Brief an Olof 1932 – als sie den Kontakt abbrach aus Angst, Sven könnte wieder versuchen, sie zu töten – bittet sie ihn, sie nicht mit einer Silbe zu verraten: »Mein Leben hängt davon ab.« Olof hält sein Versprechen. Nicht mit einem Wort liefert er sie aus. Doch er vergisst sie nie. Und in seinen Gedichten und Texten schickt er ihr sein Leben lang Flaschenposten. Im Alter von sechzig schrieb Olof das Buch *Trost für meine Geliebte,* in dem er über zehn Seiten seine Liebe von vor vierzig Jahren beschreibt und dass er sie nicht vergessen kann. Im selben Buch findet sich auch das Gedicht *Ich warte auf dich,* das sich unmittelbar an Karin zu richten scheint:

Ich taste in heißer Finsternis umher
Ich wittere ein Wasser, das es nicht gibt
Nur wer bereits hört, versteht
Nur wer bereits gesehen hat, sieht
Ich warte auf dich mit meinem Wort
Eines Tages kommst du vorbei
Und ich erkenne dich wieder
Bis dahin – lass uns scheiden ohne Feindschaft

Karins Angst ließ sie verstummen, doch trotz ihres Schweigens hörte Olof nie auf zu hoffen. Geduldig wartete er auf sie mit seinem Wort.

Und nun sitze ich in einem Lesesaal der Königlichen Bibliothek und stelle fest, dass er in gewissem Sinne nicht vergeblich gewartet hat. Seinen letzten Brief an Karin schrieb Olof 1933 – mehr als sechzig Jahre später bekam er endlich eine Antwort. Ich halte ihren Brief in der Hand, der nach Olof Lagercrantz' Tod in dessen Briefarchiv aufbewahrt wird.

Ein kleiner Zettel, ein paar kurze Zeilen, in denen sie die Jahrzehnte, die sie voneinander getrennt waren, zusammenfasst und ihm erzählt, dass die Sehnsucht, die er all die Jahre in sich getragen hat, erwidert wurde.

Unendlichen Dank für alles, was Deine Bücher mir gegeben haben: Menschlichkeit, um die Angst zu vertreiben, eine Schwester und einen Bruder in Agnes von Krusenstjerna sowie Stig Dagerman. Ich versuche zu glauben, dass Dein tiefes Verständnis für sie auch für die andere in mir reicht, die ich verachte, die ich aber nicht loswerden kann.

K.

Beim Lesen des Briefs kann ich nicht anders, als an Karins Beschreibung des *Landes, das nicht ist* zu denken, die Wirklichkeit, die niemals eingetroffen ist, die andere in ihr, die sie nicht loswird. Doch die Nachricht an Olof kommt zu spät. Als der Brief abgeschickt wird, ist er fünfundachtzig und liegt im Krankenhaus. Er hat gerade einen Schlaganfall erlitten. Er versinkt in einer tiefen Depression, die den Rest seines Lebens anhält. Karin und Olof gleiten aneinander vorbei wie zwei Schiffe in der Nacht und sind dann fort.

Olof stirbt am 23. Juli 2002.

Nur wenige Monate später stirbt auch Karin.

EPILOG

Ich sitze auf dem Balkon unserer Wohnung in der Grev Turegatan. Es ist nach neun Uhr abends, der Augusthimmel über den schwarzen Blechdächern wird schnell dunkel, die Stadt unter mir beginnt zu glitzern. Es ist das Ende eines weiteren heißen Tages, die Kinder schlafen nackt in ihren Betten, bei geöffnetem Fenster. Dieser Sommer ist unglaublich.

Ich entfalte den Stammbaum vor mir auf dem Tisch. Der Bogen ist so zerknickt und abgegriffen, dass er geradezu historisch wirkt.

Ich sehe meinen eigenen Namen ganz unten, niedergedrückt von allem, was vor mir gewesen ist. Ich ziehe einen Stift heraus. Ich muss noch etwas hinzufügen, einen weiteren Strich, von Sven Stolpe gerade nach oben.

Das Erbe wird noch schwerer.

Sven Stolpes größtes und wichtigstes Werk wurde nie veröffentlicht. Er begann 1917 und arbeitete fast siebzig Jahre täglich daran. 1988 war er fertig. Da hatte er zehntausend Seiten geschrieben. In publizierter Form wäre es eines der umfangreichsten Werke der Literaturgeschichte geworden. In seinem Testament gab Stolpe sehr genaue Anweisungen, wie mit dem Manuskript zu verfahren sei. Unmittelbar nach seinem Tod sollte es unveröffentlicht in der Universitätsbibliothek Uppsala aufbewahrt werden. Niemand, weder Verwandte noch Außenstehende, sollte Zugang zu dem Text erhalten. Erst zwanzig Jahre nach seinem Tod sollte das Werk im Handel erhältlich sein. Grund für die geplante Verzögerung war sein heikler Inhalt, das Manuskript enthielt Informationen, die erst nach dem Ableben sämtlicher Beteiligter an die Öffentlichkeit kommen durften.

Nach Karin Stolpes Tod wurde das Haus meiner Großeltern in Filipstad verkauft, und alle erhaltenen Schriften Sven Stolpes wurden nach Uppsala geschickt. Nur sein unerhörtes Opus war nirgends aufzufinden. Laut Testament sollte es sich um achtzig vollgeschriebene Notizbücher in gelbem Leder handeln. Es war ein Rätsel, wie ein so umfangreiches Werk einfach verschwinden konnte. Ich will keinen Schatten auf Karin Stolpe werfen, ohne wirklich die Wahrheit zu kennen, aber natürlich ist es nicht ganz abwegig, sie zu verdächtigen, diese Bücher vernichtet zu haben. Sie wollte nicht, dass die Geschichten weitergetragen wurden, und in dem Zeitfenster, das sich zwischen Svens Tod und ihrem eigenen auftat, sorgte sie dafür, dass sie verschwanden. Ihr Inhalt blieb ein Geheimnis.

Das gesamte Haus meiner Großeltern wurde ausgeräumt. Was niemand wollte, wurde versteigert. Der Sessel, auf dem Sven Stolpe immer ferngesehen hatte, wurde an einen Mann in Boxholm verkauft. Einige Zeit später meldete er sich noch einmal bei der Familie. Denn als er das Sitzkissen hochgehoben hatte, hatte er ein Notizbuch in gelbem Leder gefunden, das zwischen Armlehne und Kissen gerutscht war. Wahrscheinlich hatte Sven irgendwann auf dem Sessel darin gelesen, und dann war es zwischen die Polster gerutscht und vergessen worden. Dieses gelbe Notizbuch ist das Einzige, was von Sven Stolpes gigantischem Werk geblieben ist. Darin geht es um Kindheitserinnerungen, die bis dahin unbekannt gewesen waren.

Der zehnjährige Sven Stolpe kommt von der Schule nach Hause und stellt fest, dass etwas anders ist als sonst. Er ruft nach seinen Eltern, doch niemand antwortet. Er geht ins Zimmer seines Vaters und sieht, dass es leer geräumt worden ist. Alle Spuren von ihm sind beseitigt. Im Wohnzimmer, zusammengekauert auf einem Sessel, sitzt seine Mutter und erzählt ihm unter Tränen, dass der Vater sie für eine andere Frau verlassen hat.

Ich versuche, den Jungen vor mir zu sehen, wie er mitten in dem kahlen Zimmer steht und ihm allmählich aufgeht, was das bedeutet. Papa ist fort und wird nie mehr zurückkehren. Ich versuche, den ultimativen Verrat zu begreifen, dem er sich plötzlich ausgesetzt sieht. So entsteht die Wunde, der Schrecken nimmt Gestalt an.

Und in diesem Moment beschließt Sven: Das darf nie wieder geschehen.

In seinen veröffentlichten Büchern hat Stolpe diese Erinnerung nie erwähnt, aber in dem gelben Notizbuch lässt er kein Detail aus. Er schreibt mit glühender Wut über den Verrat, das Hintergangenwerden, die Einsamkeit. Er vergisst es niemals, und die Erinnerung wächst. Hass keimt in ihm auf. Und alle Abscheu richtet sich gegen eine einzige Person, und das ist nicht etwa der Vater, der die Familie verlassen hat – sondern die Frau, für die er sie verlassen hat. Die verdorbene Frau, die seine Familie zerstört hat, wird zum Feindbild.

So deutet er die Ereignisse.

An diesem Punkt setzte er ein, der episch fehlgerichtete Hass, der so vielen Menschen Leid zufügen wird. Was mich am meisten berührt: dass Sven so vollkommen verloren ist. Er ankert nicht in seiner Wut, sondern treibt hilflos mit ihr durch die Jahrzehnte, es ist, als würde er von einem schwarzen Fluss mitgerissen, und unterwegs schlägt er nach allem, was ihm begegnet. Er weiß nichts, begreift nichts, er schlägt einfach nur um sich. Am schlimmsten sind die Konsequenzen für Karin, deren Leben er ruiniert. Sven wird Vater von vier Kindern und verrät sie alle, vergiftet sie, eines nach dem anderen. Er hinterlässt eine Zerstörung, die so total ist, dass sie auch die nachfolgenden Generationen verfinstert: Mein Großvater hat meine Mutter verraten und sie mich.

Mir ist bewusst, dass Sven Stolpes Wut auch meine

ist. Ich weiß, dass sie in mir Wurzeln geschlagen hat und alles zerstören kann, was mir etwas bedeutet – meine Beziehung zu Amanda und meinen Kindern. Aber vielleicht ist in dieser seltsamen Phase meines Lebens, in der ich Licht in die Finsternis gebracht habe, etwas mit mir geschehen. Eine Einsicht, die viel ausmachen könnte: Ich tappe nicht länger im Dunkeln. Ich weiß, welche Aufgabe ich vor mir habe. Und ich stecke nicht fest, ich bin in Bewegung.

Das ist eine gewaltige Kraft.

Ich lasse die Finger über den Stammbaum gleiten. Von mir zu meiner Mutter, zu meinem Großvater. Und über ihm eine weitere Hoffnungslosigkeit. Hinter der einen Trauer verbirgt sich immer eine andere, es ist endlos.

Früher dachte ich, ich stünde in der untersten Zeile der Geschichte und stecke dort fest. Aber so braucht es nicht zu sein. Vielleicht stehe ich auch in der obersten Zeile.

Amanda tritt auf den Balkon. Wir sehen uns an. Ich strecke meine Hand aus, und sie nimmt sie.

So beginnt die Geschichte.

DANKSAGUNG

Ich möchte mich bei Familie Lagercrantz bedanken, die sich während meines Schreibens so offen und freundlich gezeigt hat. Vor allem bei Martina Lagercrantz, die mir über Richard Lagercrantz die Erlaubnis erteilt hat, Teile aus Olof Lagercrantz' Tagebuch von 1932 zu veröffentlichen sowie die Briefe, die er an Karin Stolpe geschrieben hat. Für meine Arbeit an diesem Buch war Olof Lagercrantz' Tagebuch von zentraler Bedeutung. Dank seiner detaillierten Beschreibungen – das Tagebuch umfasst dreihundertdreißigtausend Zeichen, und am intensivsten beschreibt er die Wochen, in denen er Karin kennengelernt hat – konnte ich mir ein Bild davon machen, was in diesen Juni-Tagen in der Sigtuna-Stiftung geschah.

Manchmal habe ich die Abläufe vereinfacht, an anderer Stelle die Chronologie geändert. Die Geschichte geht von echten Menschen aus, sie gründet sich auf Material, das authentische Begebenheiten wiedergibt, dennoch ist es mir wichtig festzuhalten: *Verbrenn all meine Briefe* ist ein Roman.

Danke auch an meinen Lektor Claes Ericson im Verlag Bookmark. Noch nie ist eine Person so wichtig für mein Schreiben gewesen wie er. Ebenfalls großen Dank an Stephanie Demmler, die unverzichtbar war für diesen Prozess.

Darüber hinaus möchte ich all jenen danken, die auf verschiedene Weise zur Entstehung dieses Buches beigetragen haben, sowohl im Verlag als auch außerhalb: Johanna Mo, Louise Eriksson, Carolina Starck, Fredrik Backman, Fredrik Wikingsson, Calle Schulman, Magnus Alselind, Pascal Engman, Klas Lindberg, Josefine Sundström und Sigge Eklund.

Auch Sofia af Geijerstam von der Sigtuna-Stiftung möchte ich meinen Dank aussprechen. Sie hat mir die Räume gezeigt und hilfreich erklärt, was es bedeutete, 1932 Stipendiat der Stiftung zu sein.

Herzlichen Dank auch an Svante Nordin und Stina Otterberg, die jeweils glänzende Bücher über Sven Stolpe beziehungsweise Olof Lagercrantz geschrieben haben. Diese Bücher waren mir eine große Hilfe – und ich bin ihnen sehr dankbar, dass sie sich auch privat die Zeit genommen haben, mir zu schreiben und mit mir zu sprechen.

Zum Schluss möchte ich mich noch bei Mia Fahlén und Professor Agnes Wold bedanken, die mich dabei unterstützt haben, Informationen über illegale Abtreibungen in den Dreißigerjahren zusammenzutragen.

Das Zitat auf S. 94 von Olof Lagercrantz stammt aus *Mein erster Kreis*, übersetzt von Angelika Gundlach, Insel Verlag (1984).

Die Zitate auf S. 261 von Edith Södergran stammen aus *Das Land, das nicht ist*, erschienen in *Klauenspur*, Reclam Verlag (1990).

Das Zitat auf S. 283 von Nils Ferlin stammt aus *Eine Walzermelodie*, erschienen in *Im Labyrinth des Lebens*, übersetzt von Klaus-Rüdiger Utschick, Anacreon-Verlag (2003).